역주

대학장구보유

속대학혹문

KSI 한국학술정보㈜

解 題

  이 《大學章句補遺》는 朱子의 大學章句의 文脈이 잘 通하지 않는 점을 지적하고 程子의 뜻을 따라 經과 傳에 編章의 序次를 바꾸고 뜻을 새롭게 해석한 책이다. 大學의 구성은 朱子章句를 비롯하여 經 1章과 傳 10章으로 되어 있으나 《大學章句補遺》에서는 經 1章에 傳 9章으로 하고 經과 傳의 구절의 서차를 바꾸어 뜻이 통하도록 하고 朱子의 大學章句에 잘못된 점을 補한 것이다. 그리고 本冊 후반에 「續大學或問」이 실려 있는데 이것은 李彦迪이 《大學章句補遺》, 《求仁錄》과 함께 江界 유배 시에 저술한 것이며 《大學章句補遺》의 뜻을 구체적으로 밝힌 것이다. 《大學章句補遺》는 朱子章句의 본말을 해석한 傳 4章을 뽑아다 經文 下端에 놓아 經文의 結語로 삼고 朱子章句에서 亡佚되었다고 한 「格物致知章」은 經文 중에서 知止而后 이하와 物有本末 이하의 2절을 뽑아다가 傳 4章으로 삼고 朱子章句의 傳 6章을 여기서는 5章으로, 7章은 6章으로, 8章은 7章으로, 9章은 8章으로, 10章은 9章으로 삼고 傳 10章은 없이 하였다. 章句의 해석에서는 「慮」字를 「思」字로, 至善을 中으로, 治國의 本을 仁으로 풀이한 것과 《虞書》의 「明俊 德……黎民於變時雍」이라고 한 문장을 明德,

新民으로 해석한 것이다. 그리고 본 책 하반부에 실린 「續大學或問」
은 ≪大學章句補遺≫에서 주자의 大學章句와 序次나 解釋을 다르게
한 이유를 6개조의 문답식으로 간명하게 밝히고 있는데 6個條는 첫
째 程子의 뜻을 좇아 次序를 바로 하는 이유, 둘째 聽訟以下의 1節을
鄭玄은 古本大學에서 止於信 아래에, 程子는 經文 끝에, 朱子는 章句
에서 傳四章에 놓았던 것인데 다시 經文下에 놓아야 된다는 이유, 셋
째 格物致知章을 朱子는 亡佚되었다고 하였던 것이나 여기서는 經文
中의 2節을 取하여 補하는 이유를 밝히고 朱子가 다시 나도 이 뜻을
따를 것이라고 하였다. 넷째 慮字를 思字로 풀이하는 이유, 다섯째
虞書의 明俊德…… 黎民於變時雍을 明 明德 新民으로, 允執厥中을 止
至善으로 풀이하는 이유, 여섯째 仁을 治國 平天下의 本이라고 하는
이유를 차례로 밝히고 있다. 大學章句補遺나 續大學或問은 모두 大學
의 原義를 바르게 이해하고 전하려는 데 著述의 목적이 있다. 그 예
리하고 날카로운 견해는 주자의 ≪大學章句≫를 보완한 것이며, 이는
조선 성리학의 형성에 지대한 영향을 미치고 있다는 데 큰 의의가
있다고 보겠다.

춘호재에서 역자 씀

차 례

大學章句補遺・續大學或問

❋ 大學章句補遺

【御製】題先正晦齋續大學或問卷首

先正 晦齋의 續大學或問 卷頭에 題함

人有恒言호대 必曰 程朱出而經學이 明이라하여늘 後之學者는 但尊 其所聞而已요 而不知所以明之之功用이 甚矣하여 其樂弛置而厭近思也 니라

사람들이 항상 말할 때마다 반드시 말하기를 "정자·주자가 나와 서 경학(經學)이 밝아졌다" 하는데 후세의 학자들은 다만 들은 것만 존신할 뿐이지 경학(經學)을 밝힐 공효를 모르는 것이 심해서, 방치 함을 좋아하고 가까이 생각함을 싫어한다.

先正: 先賢을 가리킴. 〈書經〉 昔先正保衡

有宋程朱氏 闡揮經學하여 夷攷其本領은 卽在於大學古本之更定이라 程朱之後에 如蔡淸諸儒가 往往起疑於程朱之訓하여 所次簡編이 各異 其見者도 復六七家니 而先正晦齋之大學補遺 續或問이 亦其一也라

송나라 정자·주자가 경학을 드러내 밝혀 그 본령을 공정히 상고 한 것은 바로 대학고본을 고쳐서 바로잡음에 있다. 정자·주자 이후

에 채청(蔡淸) 등의 유학자들이 이따금 정자·주자의 뜻을 해석한 것을 의심하여 편차해서 엮은 것이 각기 그 견해를 달리한 것도 또 여섯 일곱 분이 되는데 선현인 회재(晦齋)의 『大學章句補遺』와 『續大學或問』도 그중의 하나이다.

夷攷: 공평하게 생각함

蔡淸: 明나라 晉江사람으로 字는 介夫이다. 成化(憲宗의 年號)進士로서 벼슬이 累進하여 江西提學副使까지 이르렀으나 宸濠에게 거슬리어 致仕하게 되었다.

夫聖人教人에 必待憤悱而啓發은 何者오 蓋惡其口耳之無得於實心이면 則無疑而有疑하고 有疑而無疑하니 問學之序 然也라

무릇 성인이 사람을 가르치실 적에 반드시 분발함을 기다려 계발해 주는 것은 어째서인가? 천박한 학문이 참된 마음을 깨닫지 못하면 의심할 것이 없는데도 의심을 가지게 되고 의심할 만한데도 의심함이 없는 것을 미워함이니 학문의 차례가 다 그런 것이다.

憤悱: 알고자 하여 애태운다. 〈論語〉에 不憤不啓 不悱不發의 略語. 〈소동파문집〉 言不待憤悱而發.

口耳: 口耳之學을 이름. 즉 천박한 학문. 〈荀子〉 小人之學也 入乎耳 出乎口 口耳之間 四寸耳 曷足以美七尺之軀哉

雖以程朱之同德大儒로도 三本이 皆未始苟同이어든 況其下者乎아 然後知瓚享譜承者도 未必均有朱子之識解 而先正之於大學에 方可謂善學朱子也歟인져

비록 정자·주자와 덕이 같은 큰 선비로도 세 근본이 처음부터 같

지 않았는데, 하물며 그 아래 사람이야 어떠하랴. 그런 뒤에야 종묘
에 제향되고 계보로 계승되는 분도 반드시 주자의 견해와 식견이 같
다고 할 수 없으니, 선현(晦齋)이 대학에 있어서는 주자를 잘 배웠다
고 하겠다.

予嘗慨然於口耳煩而經學熄하고 經學熄而邪道熾하니 教鄒魯之士하
여 以賓興之하며 就漸染之輩하여 以激勵之한데 于斯時也에 乃取先正
大學抄編之心畫하여 得以潛心焉이라

내가 일찍이 천박한 학문이 번잡하여 경학이 소멸되고 경학이 소
멸되어 사악한 도가 성하니 선비를 가르쳐 대우하여 흥하게 하고 교
화에 감화하는 무리를 격려하려는데, 이럴 때에 선현의 大學을 가지
고 편차한 글을 깊이 생각하게 된 것이다.

鄒魯: 孔子는 魯나라 사람이고 孟子는 鄒나라 사람이므로, 이 두
곳이 孔孟의 教化를 입어서 興盛한 地域이 되었으니, 즉 鄒魯는 孔孟
의 說을 信奉하는 儒學者를 指稱한 것임. 〈莊子〉 鄒魯之士 縉紳先生

賓興: 賓禮로 待遇한다는 말이니, 즉 周代 選舉法에 鄕小學에서 賢
能을 薦舉하여 賓禮로 待遇하고 國學(太學)에 올려 보냈다는 것임.
〈周禮大司徒〉 以鄕三物教萬民 而賓興之

漸染: 教化에 점점 感化한다는 말. 〈後漢書 憑衍傳〉 知漸染之易性
兮 怨造作之弗思

心畫: 글씨 또는 文字를 이른 것임. 〈揚子法言〉 言 心聲也 畫 心畫也

潛心: 마음을 가라앉혀서 깊이 생각함.

先正이 當日에 細心察理之工夫를 尙有可能想見於卷中하니 爲學이
固不當若是耶아 今之學者가 用心을 皆如先正之眞積力久면 雖虛寂之

彌近理者라도 何難乎辭而闢之廓如아 況西洋邪學之實不足愚人이니 又
何有焉이리오

　선현이 당시에 세밀하고 철저하게 살핀 공부를 아직도 책 속에서
생각해 볼 수 있으니, 학문은 진실로 이와 같이 해야 하지 않겠는가?
지금의 배우는 사람들이 마음 씀을 모두 선현의 유적에 힘을 쓰면,
비록 도교(虛無), 불교(寂滅)가 매우 이치에 가까운 것이라 하더라도
그것을 변론하여 확연하게 물리치는 데 무슨 어려움이 있겠는가. 하
물며 서양 천주교(邪學)가 실로 사람을 속일 수 없으니, 또 무슨 걱
정이 있겠는가.

　虛寂: 虛無는 老莊思想을 寂滅은 佛敎思想을 대표하는 말임.
　廓如: 아무런 障碍物이 없이 텅 비고 넓어졌다는 말임.〈揚子法言〉
　　　　揚墨塞路 孟子闢之廓如也
　眞積: 실제의 유적, 친필.

寄語嶠南諸生하노니 欲學先正之心法인댄 伊其觀法之方이 顧不在於
鞭辟近裏之工乎哉아 會有近侍啣命之行에 呼燭書其卷以還之하니 俾藏
俎豆之院하노라

　영남 제생들에게 한마디 말을 전하노니 선현의 마음을 쓰는 법을
배우고자 한다면, 그 마음을 쓰는 법을 보는 방법을 힘쓰고 자신에게
절실하게 노력하는 공부에 있지 않겠는가? 때마침 가까이 모시는 신
하가 명을 받들어 오기, 촛불을 켜고 책머리에 써서 보내니 서원에
잘 간직하도록 하노라.

　嶠南: 嶺南
　鞭辟近裏: 策勵 反省이란 뜻임.〈近思錄〉程子曰 學要鞭辟近裏

侍近: 임금 가까이에서 모시는 신하. 승지나 사관들.

啣命: 啣은 銜字와 같으니 銜命은 임금의 命令을 받들고 出使한다
　　　는 말. 〈漢書 孫寶傳〉臣幸得啣命而使 職在刺擧

呼燭: 촛불을 켜게 한다는 말

俎豆: 俎豆는 祭器이니 俎豆之院은, 즉 書院을 이른 것임. 〈論語〉
　　　俎豆之事 則嘗聞之耳

時予御極之十有八年甲寅春에 書하노라

내가 즉위한 지 18년 甲寅(1794년) 봄에 쓰다.

御極: 임금이 卽位하였다는 말임. 〈唐書〉體元御極

大學章句補遺・續大學或問

✿ 大學章句補遺序

古昔聖人敎人之法은 有綱有目하니 孔子 講而明之하사 以授其徒하
시고 曾子述之하사 以傳于世하시니 其淵源所自를 亦可考矣로라

옛적에 성인이 사람을 가르치신 법은 강령과 조목이 있었으니, 공
자께서는 이것을 강의하여 밝혀 제자에게 전수하시고 증자께서는 기
술하여 후세에 전하셨으니 그 연원의 유래를 또한 상고할 수 있다.

虞書에 曰 克明俊德하여 以親九族하여 九族旣睦이어늘 平章百姓한
데 百姓昭明하고 協和萬邦하니 黎民이 於變時雍이라하고 又曰 人心
은 惟危하고 道心은 惟微하니 惟精惟一이라사 允執厥中이라

虞書에서 말하기를, "큰 덕을 밝혀 구족을 친하여 구족이 이미 화
목하거늘 백성을 공평하게 밝게 다스렸는데 백성이 밝아지고, 만방이
화친하니 서민이 이에 화합하였다" 하고, 또 "인심은 위태하고 도심
은 미약하니, 순수하고 깨끗하여 순일하여야만 진실로 中을 잡는다."
하였다.

人心: 사사로운 마음.

道心: 의리로서 생긴 마음.

精粹: 순수하고 깨끗함

大學一篇之旨는 蓋本於此하니 其曰 明俊德하여 以至於黎民於變者
는 明德新民之至也요 其曰 惟精惟一者는 明明德之事也요 其曰 允執
厥中者는 明明德之止於至善이요 而新民之止於至善도 亦由於此也라

대학 한 책의 뜻은 대체로 이에 근본하였으니, 말하기를, "큰 덕을
밝혀 백성을 화하게 한다."는 것은 明德과 新民의 지극함이요, "惟精
惟一"이란 것은 明德을 밝히는 일이다. "允執厥中"이라는 것은 明德
을 밝히는 것이 至善에 그친 것이요, 新民이 至善에 그친 것도 이에
말미암는다.

以八條目言之면 明俊德者는 修身以上之事也요 親九族者는 齊家之
事也요 平章百姓하여 以至於協和萬邦者는 治國平天下之事也요 八條
目中 正心二字는 實自虞書中來니 其曰 格致誠正은 精一之謂也라

팔조목으로써 말하면, 큰 덕을 밝힌다는 것은 수신이상의 일이요,
구족을 친하게 한다는 것은 제가의 일이요, 백성을 다스려 만방이 화
합하게 되는 것은 치국·평천하의 일이다. 팔조목 중에서 「正心」 두
글자는 실은 虞書에서 온 것이니, 그 格物·致知·誠意·正心은 惟精
惟一을 말한 것이다.

前後聖人 盡性立敎之規가 合如符節하고 炳如日月하여 無可疑者니
可見孔子祖述堯舜之道하고 而曾子之所傳이 實源於此也라

전후의 성인이 성을 다해 가르침을 세운 규모가 부절처럼 들어맞고
해와 달처럼 밝아서 의심할 것이 없으니, 가히 공자께서 요순의 도를
존숭하시고, 증자께서 전한 것이 실로 여기에 근본함을 알 수 있다.

符節: 符信을 이름. 〈周禮〉 門關用符節

祖述: 遠宗其道, 즉 멀리 그 道를 尊崇한다는 말. 〈中庸〉仲尼祖述
　　　堯舜 憲章文武

秦火之餘에 聖遠言湮이 千有餘載라 幸而天未喪斯文하사 程朱數君
子出하여 而乃始表章此篇하여 更定錯誤하여 發揮微蘊하니 一篇之中
에 綱條粲然이라

진나라 때 분서한 뒤에 옛 성인의 연대가 멀고 말씀이 인멸한 지
가 천여 년이 지났다. 다행히 하늘이 이 유학을 없애지 않아서 정자
·주자, 여러 군자가 나와서 이 대학을 드러내 밝혀 다시 잘못된 것
을 개정하고 심오한 뜻을 발명하였으니 한 권의 책 속에 강령과 조
목이 분명해졌다.

斯文: 이 學, 이 道를 가리키는 말이니, 즉 儒學, 儒道를 말하는 것
　　　임. 〈論語〉天之將喪斯文也 後死者 不得與於斯文也(註: 道之
　　　顯者 謂之文 蓋禮樂制度之謂)
表章: 表顯한다는 뜻. 〈漢書〉罷黜百家 表章六經

於是에 爲學者는 知所務하고 而爲治者는 知所本하니 其有功於斯道
也 大矣로라 獨恨聖經賢傳之文이 不能無斷缺하며 辭義未完하여 學者
不得見全書하니 此眞千古遺憾이라

이에 학자는 힘쓸 바를 알고 다스리는 자는 근본으로 삼을 바를
알게 되었으니 이 유학의 도에 공이 됨이 매우 크다. 다만 한스럽게도
성현의 경전의 글이 단절되고 빠져서 글의 뜻도 완전하지 못하여 배우
는 자가 온전한 글을 볼 수 없으니, 이것이 진실로 천고의 유감이로다.

朱子 得其結語一句하여 知其爲釋格物致知之義나 而未得其文하여

遂取程子之意以補之하니 其所以發明始學窮理之要가 亦甚明備라

주자가 맺은말 한 구를 가지고 그것이 格物致知의 뜻을 해석한 것인 줄 알았으나 그 본문을 얻지 못하여서 드디어 정자의 뜻을 취하여 그것을 보충하였으니, 처음 배우는데 이치를 궁구하는 요체를 밝히는 것이 매우 분명하게 구비되었다.

然愚嘗讀至於此하여 每歎本文之未得見이러니 近歲에 聞中朝有大儒得其闕文於篇中하여 更著章句하고 欲得見之나 而不可得이라

그런데 내가 전에 대학을 읽다가 여기에 이르러 매번 본문을 볼 수 없는 것을 한탄하였는데, 몇 해 전에 중국의 큰 선비가 빠진 글을 편 가운데에서 찾아서 다시 大學章句를 고쳤다는 말을 듣고 얻어 보고자 하였으나 되지 않았다.

乃敢以臆見으로 取經文中二節하여 以爲格物致知章之文하고 旣而反覆翫玩인데 辭足義明하여 無欠於經文 而有補於傳義하고 又與上下文義에 脉絡貫通하니 雖晦庵復起라도 亦或有取於斯矣리라

이에 감히 나의 사견으로써 경문 가운데에서 2절을 취하여 格物致知章의 본문으로 삼고, 반복하여 음미해보았더니 글도 만족스럽고 의미도 분명하여 경문에 흠점이 없으면서 傳의 글의 뜻에도 보충이 되고, 또 상하 글의 뜻과 맥락이 통하니 비록 주자가 다시 태어나더라도 또한 혹 여기에서 취함이 있을 것이다.

晦庵: 주희의 號.

又按聽訟一節이 今在傳三章之後로되 文義不屬하여 有可疑者라 乃依程子所定하여 置於經文之下하여 詳味其義러니 與中庸卒章의 予懷明德

不大聲以色이라하여늘 子曰 聲色之於化民에 末也라하시니 奏假無言하여 時靡有爭이라하니 不賞而民勸하며 不怒而民威於鈇鉞之意로 合이라

또 살펴보건대 「聽訟」한 절이 지금 傳三章의 뒤에 있지만 글의 뜻이 이어지지 않아서 의심나는 것이 있었다. 이에 정자의 바로 잡은 것에 의거하여 경문 아래에 옮겨서 그 뜻을 자세히 음미해 보니 中庸의 마지막 장에 「予懷明德 不大聲以色 子曰 聲色之於化民 末也 奏假無言 時靡有爭 不賞而民勸 不怒而民威於鈇鉞」의 뜻과 부합되었다.

此는 蓋聖人端本化民之要道也라 故曾子 於經文章末에 引孔子之言하여 以明之하시니 程子 於此에 豈無所見乎리오 然愚陋管規로 何敢執以爲是 而有得於先儒所未到之意리오 聊記淺見하여 以求正於後之君子云爾로다

이것은 성인이 근본을 바로잡고 백성을 교화시키는 중요한 도이다. 그러므로 증자께서 經文章 末에 공자의 말씀을 인용하여 그 뜻을 밝히셨으니 정자가 이에 대하여 어찌 이해하지 않았겠는가? 그러나 나의 좁은 소견으로 어찌 감히 옳다고 하여 先儒가 깨닫지 못한 뜻을 얻었다고 하겠는가? 다만 얕은 견해를 기록하여 후세의 군자에게 질정을 구할 뿐이다.

管規: 管見과 같은 말이니 所見이 작다는 뜻. 〈漢書〉 以管規天 以蠡測海

嘉靖己酉冬十月甲子에 驪江李彦迪은 謹書하노라

嘉靖己酉(1549년) 겨울 10월 甲子일에 驪江 李彦迪은 삼가 쓴다.

嘉靖: 明世宗의 年號인데 嘉靖 己酉는 世宗28年으로서 우리나라 明宗 4年(1549)에 해당됨.

大學章句補遺·續大學或問

❀ 大學章句補遺

子程子曰 大學은 孔氏之遺書요 而初學入德之門也라 於今에 可見古
人爲學次第者는 獨賴此篇之存이오 而論孟次之하니 學者 必由是而學
焉이면 則庶乎其不差矣리라

정자께서 말씀하시기를, "『大學』은 공자께서 남기신 책이요 처음
배우는 사람이 덕에 들어가는 문이다. 지금에 옛 사람들이 학문을 한
차례를 알 수 있는 것은 오직 이 편에 의뢰하고, 『論語』와 『孟子』가
그다음이니, 배우는 사람이 반드시 이것을 따라서 배우면 거의 틀리
지 않을 것이다." 하였다.

子程子: 程子를 더욱 높여 칭한 것으로 明道와 伊川을 구분하지
않고 똑같이 程子라 하였으며, 여기서는 특별히 높여 앞에 子를 놓았
다. (程子 앞의 子字는 後學이 宗師, 先儒를 일컫는 것이다.)

大學之道는 在明明德하며 在親民하며 在止於至善이니라

『大學』의 도는 밝은 덕을 밝히는 데 있으며, 백성을 새롭게 함에
있으며, 지극한 선에 그침에 있다.

【集註】程子曰 親은 當作新이라 ○大學者는 大人之學也라 明은
明之也라 明德者는 人之所得乎天 而虛靈不昧하여 以具衆理而應萬事

者也로되 但爲氣稟所拘와 人欲所蔽하여 則有時而昏이라. 然이나 其本
體之明은 則有未嘗息者하니 故로 學者 當因其所發而遂明之하여 以復
其初也라 新者는 革其舊之謂也니 言旣自明其明德하고 又當推而及人
하여 使之亦有以去其舊染之汚也라 止者는 必至於是而不遷之意요 至
善은 則事理當然之極也라 言明明德新民을 皆當止於至善之地而不遷이
니 蓋必其有以盡夫天理之極而無一毫人欲之私也라 此三者는 大學之綱
領也라

　　정자께서 말씀하시기를, "親字는 마땅히 新字로 고쳐야 한다." 하
였다. 大學은 대인의 학문이다. 明은 밝힌다는 뜻이다. 明德이라는 것
은 사람이 하늘에서 얻어서 비어있고 영험스럽고 어둡지 않아 모든
이치를 갖추고 있으면서 모든 사물에 응하는 것인데, 단지 타고난 氣
에 얽매이고 개인적 욕구에 가리면 어두움이 있게 된다. 그러나 본체
의 밝음은 쉬지 않기 때문에, 배우는 사람은 마땅히 그 드러나는 바
에 따라 밝혀서 그 처음을 회복시켜야 한다. 新이라는 것은 옛것을
고침을 이르니 이미 스스로 밝은 덕을 밝혔으면, 또 마땅히 미루어
다른 사람에게도 미치도록 해서, 그 사람도 또한 그들의 오염된 것을
버리게 해야 한다는 것을 말한다. 止라는 것은 반드시 이에 이르러
옮기지 않는다는 뜻이요, 至善은 사물의 이치의 당연함의 지극함이다.
이는 明明德과 新民을 다 마땅히 지극히 착함의 경지에 그쳐 옮기지
않음이 마땅함을 말한 것이니, 반드시 그 天理의 지극함을 다해서 터
럭 하나라도 人欲의 사사로움이 없게 함일 것이다. 이 세 가지는 『大
學』의 강령이다.

　　虛靈不昧: 사심이 없고, 靈妙하여 一切의 것에 모르는 바가 없음.
虛는 空의 뜻으로 虛靈은 明德의 靈妙함이요, 靈은 神의 뜻으로 不昧

는 物慾에 정신이 흐려지지 않음을 말한다.

古之欲明明德於天下者는 先治其國하고 欲治其國者는 先齊其家하고 欲齊其家者는 先修其身하고 欲修其身者는 先正其心하고 欲正其心者는 先誠其意하고 欲誠其意者는 先致其知하니 致知는 在格物이니라

옛날에 밝은 덕을 천하에 밝히고자 하는 사람은 먼저 그 나라를 다스리고, 그 나라를 다스리고자 하는 사람은 먼저 그 집안을 가지런히 하고, 그 집안을 가지런히 하고자 하는 사람은 먼저 그 몸을 닦고, 그 몸을 닦고자 하는 사람은 먼저 그 마음을 바루고, 그 마음을 바루고자 하는 사람은 먼저 그 뜻을 성실히 하고, 그 뜻을 성실히 하고자 하는 사람은 먼저 그 앎을 지극하게 이루니, 앎을 지극하게 이룸은 사물의 이치를 궁구함에 있다.

【集註】明明德於天下者는 使天下之人으로 皆有以明其明德也라 心者는 身之所主也라 誠은 實也요 意者는 心之所發也니 實其心之所發하여 欲其必自慊而無自欺也라 致는 推極也요 知는 猶識也니 推極吾之知識하여 欲其所知無不盡也라 格은 至也요 物은 猶事也니 窮至事物之理하여 欲其極處無不到也라 此八者는 大學之條目也라

밝은 덕을 천하에 밝힌다는 것은 천하 사람으로 하여금 모두 그 밝은 덕을 밝히도록 하는 것이다. 心이란 것은 몸의 주장하는 바이다. 誠은 성실됨이요, 意는 마음의 드러나는 것이니 그 마음이 피어 나오는 것을 성실하게 하여, 반드시 스스로 만족하고 속임이 없게 하려 함이다. 致는 미루어 지극히 함이요, 知는 識과 같으니, 나의 지식을 미루어 지극히 하여 다 알지 못함이 없게 하려 함이다. 格은 이르름

이요, 物은 事와 같으니, 사물의 이치를 궁구하여 그 끝나는 곳에 이르지 않음이 없게 하려 함이다. 이 여덟 가지는 『大學』의 조목이다.

物格而后에 知至하고 知至而后에 意誠하고 意誠而后에 心正하고 心正而后에 身修하고 身修而后에 家齊하고 家齊而后에 國治하고 國治而后에 天下平이니라

사물의 이치가 궁구된 뒤에 앎이 지극해지고, 앎이 지극해진 뒤에 뜻이 성실해지고, 뜻이 성실해진 뒤에 마음이 바르게 가다듬어지고, 마음이 바르게 가다듬어진 뒤에 몸이 닦여지고, 몸이 닦여진 뒤에 집안이 가지런해지고, 집안이 가지런해진 뒤에 나라가 다스려지고, 나라가 다스려진 뒤에 천하가 화평해진다.

【集註】物格者는 物理之極處 無不到也요 知至者는 吾心之所知 無不盡也니 知旣盡이면 則意可得而實矣요 意旣實이면 則心可得而正矣라 修身以上은 明明德之事也요 齊家以下는 新民之事也라 物格知至면 則知所止矣니 意誠以下는 則皆得所止序也라

格物이라는 것은 사물의 이치의 지극한 곳에 이르지 않음이 없음이요, 知至라는 것은 내 마음의 아는 바가 다 알지 못함이 없음이니, 앎이 극진해지면 뜻을 성실하게 할 수 있고, 뜻이 성실해지면 마음을 바르게 할 수 있다. 修身의 위 항목은 明德을 밝히는 일이요, 齊家의 아래 항목은 백성을 새롭게 하는 일이다. 사물의 이치가 궁구되어 앎이 지극해지면 그칠 바를 알게 되니, 意誠의 아래 항목은 모두 그칠 바를 얻는 순서이다.

自天子로 以至於庶人히 壹是皆以修身爲本이니라

천자로부터 서인에 이르기까지, 한결같이 몸을 닦는 것을 근본으로
삼는다.

【集註】壹是는 一切也라 正心以上은 皆所以修身也요 齊家以下는
則擧此而措之耳라

壹是는 일체의 뜻이다. 正心 이상은 다 몸을 닦는 일이요, 齊家 이
하는 이것(修身)을 가지고 적용하는 것이다.

其本이 亂而末治者 否矣며 其所厚者에 薄이요 而其所薄者에 厚
하리 未之有也니라

그 근본이 어지럽고 끝이 다스려지는 자는 없으며, 두텁게 할 것에
박하게 하면서 그 박하게 할 것에 두텁게 하는 이는 있지 않다.

【集註】本은 謂身也요 所厚는 謂家也라 此兩節은 結上文兩節之意라

本은 몸을 이르고, 厚할 바는 집안을 이른다. 이 두 절은 위 글 두
절의 뜻을 맺은 것이다.

子曰 聽訟이 吾猶人也나 必也使無訟乎인저하시니 無情者 不得盡
其辭는 大畏民志니 此謂知本이니라

공자께서 말씀하시기를, "訟事를 들음은 내가 다른 사람들과 같으
나, 반드시 백성들로 하여금 訟事함이 없게 하겠다." 하였으니, 진실
이 없는 사람이 그 말(거짓말)을 다하지 못하게 함은 백성의 마음을
크게 두려워함이니, 이것을 일러 근본을 안다고 하는 것이다.

【集註】猶人은 不異於人也라 情은 實也니 引夫子之言하여 而言聖

人이　能使無實之人으로　不敢盡其虛誕之辭는　皆我之明德이　既明하여　自然有以畏服民之心志하니　故로　訟不待聽而自無也니　觀於此言이면　可以知本末之先後矣리라

猶人은 남과 다르지 않은 것이다. 情은 진실함이니, 공자님의 말씀을 인용하여, 성인이 진실이 없는 사람으로 하여금 감히 그 허황된 말을 다하지 못하게 할 수 있는 것은 모두 자신의 明德이 이미 밝아져서 자연히 백성들의 뜻을 두려워하여 복종시킴이 있기 때문이다. 그러므로 송사를 듣기를 기다리지 않고도 자연히 없어지게 되니 이 말씀을 살펴보면 근본과 끝 중에서 먼저 해야 하고 뒤에 해야 할 것을 알 수 있을 것이다.

虛誕: 터무니없음.〈王義之　蘭亭集序〉

【補遺】○謹按天下之本在國하고　國之本在家하고　家之本在身하니故로　有能修身正家하여　以施于政이면　則民德이　自新하여　而爭訟息矣라　如虞芮質成이면　不敢履文王之庭이라도　感化之妙가　自有不期然而然者니　此乃聖人　明德新民之效하여　而天下之所由平也라　大畏民志는如中庸所謂　不賞而民勸하고　不怒而民威於鈇鉞之意라

此一節은　舊本엔　誤在止於信下한데　程子進而置之於此하여　今從之하노라

삼가 살펴보건대 천하의 근본은 나라에 달려 있고, 나라의 근본은 집에 달려 있고, 집의 근본은 몸에 달려 있는 것이니 그러므로 능히 修身 齊家를 하여 정사에 시행하면 곧 백성의 덕이 스스로 새로워져 訟事를 다투는 일이 없어질 것이다. 虞임금과 芮임금과 같이 소박하면 문왕의 뜰을 밟지 않아도 감화의 오묘함이 스스로 그렇게 되려고 하지 않아도 그렇게 되니, 이것은 이에 성인의 明德 新民의 공효로

천하를 화평하게 하는 것이다. 크게 백성의 뜻을 두려워한다는 것은
『中庸』에서 말한 상을 주지 않아도 백성들이 부지런해지고 노하지
않아도 백성들이 형벌을 두려워한다는 뜻이다. 이 한 절은 옛 책에
잘못되어 止於信 아래에 있었는데 정자께서 뽑아 이곳에 두니 지금
이를 따른다.

　虞芮之訟: 虞와 芮의 두 나라 임금이 서로 밭의 소유권을 둘러싸
고 다투다가 결말이 나지 아니하므로 西伯(周나라의 文王)에게 판결
을 받으려고 주나라 경내에 들어가니, 밭가는 자가 두렁을 양보하고
길 가는 자는 길을 양보하여 謙讓의 美德이 일반 민간에 행해지므로
이를 본 두 임금은 우리가 싸우는 일은 수치스러운 노릇이라 하여
西伯에게 가 뵙지 아니하고 돌아와 서로 밭을 양보하였다는 故事

　右는 經1章이니 蓋孔子之言을 而曾子述之하시고 其傳十章은 則曾
子之意를 而門人이 記之也라 舊本엔 頗有錯簡이러니 今因程子所定
而更考經文하여 別爲序次如左하노라

　위는 經文의 第一章이니, 아마도 공자의 말씀을 증자가 기술하신
것이고, 傳文 10章은 증자의 뜻을 문인들이 기록한 것이다. 옛 책에
뒤섞인 책장이 있기에 이제 정자께서 정해 놓은 것을 따라 經文을
참고하여 고쳐서 별도로 차례를 다음과 같이 만들었다.

　凡傳文이 雜引經傳하여 若無統紀이나 然文理接續하고 血脈貫通하
여 深淺始終이 至爲精密하니 熟讀詳味면 久當見之일새 今不盡釋也하
노라

　무릇 전문은 경전을 섞어 인용하여 계통과 일정한 법칙이 없는 듯

하나, 글의 이치가 이어지고 문맥이 관통되어, 깊고 얕음과 시작과 끝이 지극히 정밀하니, 익숙하게 읽고 자세히 음미하면, 오래됨에 마땅히 알게 될 것이다. 그래서 이제 다 해석하지 않는다.

【補遺】○謹按經文은 蓋曾子述夫子之意而立敎라 故로 章末에 引夫子之言하여 以結之하니라

삼가 살펴보건대 경문은 대개 증자께서 공자의 뜻을 기술하여 가르침을 세운 것이다. 그러므로 章末에 공자님의 말씀을 인용하여 그 글을 맺었다.

康誥에 曰 克明德이라하며

〈康誥〉에 이르기를 “능히 德을 밝힌다.” 하였으며,

【集註】康誥는 周書라 克은 能也라

〈康誥〉는 周書이다. 克은 능히 함이다.

太甲에 曰 顧諟天之明命이라하니

〈太甲〉에 이르기를 “하늘의 밝은 명령을 돌아다본다.” 하였으며,

【集註】太甲은 商書라 顧는 謂常目在之也라 諟는 猶此也라 或曰 審也라 天之明命은 卽天之所以與我而我之所以爲德者也라 常目在之則無時不明矣라

〈太甲〉은 商書이다. 顧는 항상 눈을 두는 것을 이른다. 諟는 이것이라는 뜻과 같으니, 혹자는 살핀다는 뜻이라고 한다. 하늘의 밝은

명령은 바로 하늘이 나에게 주어서 내가 덕으로 삼은 것이다. 항상 눈을 여기에 두면 밝지 않을 때가 없을 것이다.

帝典에 曰 克明峻德이라하며 (峻書作俊)

〈帝典〉에 이르기를 "능히 큰 德을 밝힌다." 하였으니(峻은 『書經』에 俊으로 되어 있다)

【集註】帝典은 堯典이니 虞書라 峻은 大也라

〈帝典〉은 〈堯典〉이니 虞書이다. 峻은 큼이다.

皆自明也니라

모두 스스로 밝히는 것이다.
【集註】結所引書 皆言自明己德之意라

인용한 글로 맺어 모두 자기의 德을 스스로 밝히라는 뜻을 말한 것이다.

右는 傳之首章이니 釋明明德하다

위는 傳文의 머리 장이니, 明德을 밝힘을 해석하였다.

湯之盤銘에 曰 苟日新이어든 日日新하고 又日新이라하며

湯 임금의 대야에 새긴 글에 이르기를, "진실로 날로 새롭게 하려거든, 나날이 새롭게 하고, 또 날로 새롭게 하라!" 하였으며,

【集註】盤은 沐浴之盤也라 銘은 名其器하여 以自警之辭也라 苟는 誠也라 湯이 以人之洗濯其心하여 以去惡이 如沐浴其身하여 以去垢라 故로 銘其盤이라 言誠能一日에 有以滌其舊染之汚而自新 則當因其已 新者 而日日新之하고 又日新之하여 不可略有間斷也라

盤은 목욕하는 대야라. 銘은 그릇에 글을 새겨 스스로 경계하는 말이다. 苟는 진실로이다. 湯 임금이 사람의 마음을 깨끗이 씻어서 악함을 버림은 마치 그 몸을 목욕하여 때를 버리는 것과 같다고 여겼다. 그러므로 그 대야에 새긴 것이다. 진실로 능히 하루에 그 옛날에 물든 더러움을 씻어서 스스로 새롭게 할 수 있으면, 곧 마땅히 이미 새로워진 것을 따라서 나날이 새롭게 하고, 또 날로 새롭게 하여, 조금이라도 사이가 끊임이 있어서는 안 됨을 말한 것이다.

康誥에 曰 作新民이라하며

〈康誥〉에 이르기를 "새로워지는 백성을 진작시킨다." 하였으며,

【集註】鼓之舞之之謂作이니 言振起其自新之民也라

북치고 춤추게 하는 것을 作(진작시킨다)이라고 이르니, 스스로 새로워지는 백성을 떨쳐 일어나게 함을 말한다.

詩에 曰 周雖舊邦이나 其命維新이라하니

『詩經』에 이르기를 "周나라가 비록 옛 나라이나, 그 명이 새롭다." 하였으니.

【集註】詩는 大雅文王之篇이라 言周國이 雖舊나 至於文王하여 能新其德하여 以及於民 而始受天命也라

詩는 〈大雅文王篇〉이다. 周나라가 비록 오래되었으나, 문왕에 이르러 능히 그 德을 새롭게 하여 백성에게 미쳐서 비로소 천명을 받았음을 말한 것이다.

是故로 君子는 無所不用其極이니라

이렇기 때문에 군자는 그 지극함을 쓰지 않는 바가 없는 것이다.

【集註】自新新民을 皆欲止於至善也라

자기를 새롭게 하고 백성을 새롭게 함을, 다 지극히 선함에 그치게 하고자 하는 것이다.

右는 傳之二章이니 釋新民하다

위는 傳文의 2章이니, 新民을 해석하였다.

詩云 邦畿千里여 惟民所止라하니라

『詩經』에 이르기를, "나라의 畿內 千里여, 백성들이 머물러 사는 곳이라." 하였다.

【集註】詩는 商頌玄鳥之篇이라 邦畿는 王者之都也라 止는 居也니 言物各有所當止之處也라

詩는 〈商頌 玄鳥篇〉이다. 邦畿는 임금의 도읍이요, 止는 거처함이니, 사물이 각기 마땅히 그쳐야 할 곳이 있음을 말한 것이다.

詩云 緡蠻黃鳥여 止于丘隅라하여늘 子曰 於止에 知其所止로소니
可以人而不如鳥乎아

『詩經』에 이르기를, "아름답게 우는 黃鳥여, 나무숲 우거진 산언덕
에 머물러 산다." 하거늘, 공자께서 말씀하시기를 "그칠 때에 그 그
칠 곳을 아는 것이니, 사람으로서 새만 같지 못할 수 있겠는가?" 하
셨다.

【集註】詩는 小雅緡蠻之篇이라 緡蠻은 鳥聲이라 丘隅는 岑蔚之處
라 子曰以下는 孔子說詩之辭니 言人當知所當止之處也라

詩는 〈小雅 緡蠻篇〉이다. 緡蠻은 새 울음소리이다. 丘隅는 산이 깊
고 숲이 울창한 곳이다. 子曰 이하는 孔子께서 「詩經」을 해석한 말씀
이니, 사람이 마땅히 그쳐야 할 곳을 알아야 함을 말씀한 것이다.

詩云 穆穆文王이여 於緝熙敬止라하니 爲人君엔 止於仁하시고 爲
人臣엔 止於敬하시고 爲人子엔 止於孝하시고 爲人父엔 止於慈하시
고 與國人交엔 止於信이러시다

『詩經』에 이르기를, "(덕이) 깊고 원대하신 文王이시여, 아! 계속
하여 밝혀서 공경하여 그쳤다." 하였으니, 임금이 되어서는 어짊에
그치시고, 신하가 되어서는 공경함에 그치시고, 자식이 되어서는 효
도함에 그치시고, 아버지가 되어서는 인자함에 그치시고, 나라 사람
들과 더불어 사귐에는 미더움에 그치셨다.

【集註】詩는 文王之篇이라 穆穆은 深遠之意라 於는 歎美辭라 緝
은 繼續也라 熙는 光明也라 敬止는 言其無不敬而安所止也라 引此而
言 聖人之止 無非至善로되 五者는 乃其目之大者也라 學者於此에 究

其精微之蘊 而又推類以盡其餘 則於天下之事에 皆有以知其所止而無疑
矣리라

　詩는 〈文王篇〉이다. 穆穆은 깊고 원대하다는 뜻이다. 於(오)는 아
름다움을 감탄하는 말이다. 緝은 계속함이요, 熙는 빛나고 밝음이다.
敬止는 공경하지 않음이 없이 머문 바를 편안히 함을 말한 것이다.
이것을 인용하여 성인의 그침은 지극한 선이 아님이 없음을 말한 것
인데, 이 다섯 가지는 바로 그 조목의 큰 것이다. 배우는 자가 이에
대하여 그 정밀한 내용을 연구하고 또 미루어서 그 나머지를 다하도
록 한다면, 곧 천하의 일에 모두 그 그쳐야 할 것을 알게 되어 의심
할 것이 없게 될 것이다.

　詩云 瞻彼淇澳혼대 菉竹猗猗로다 有斐君子여 如切如磋하며 如琢
如磨라 瑟兮僩兮며 赫兮喧兮니 有斐君子여 終不可諠兮라하니 如切
如磋者는 道學也요 如琢如磨者는 自修也요 瑟兮僩兮者는 恂慄也요
赫兮喧兮者는 威儀也요 有斐君子終不可諠兮者는 道盛德至善을 民
之不能忘也니라

　『詩經』에 이르기를, “저 淇水가의 물 굽어진 언덕을 바라보니, 푸
른 대나무가 무성하여라! 문채 나는 군자여, 쪼개 놓은 듯하고, 간
듯하며, 쪼아 놓은 듯하고, 연마한 듯하다. 엄밀하고 굳세며, 빛나고
점잖으니, 문채 나는 군자여, 끝내 잊지 못한다.” 하였으니, 如切如磋
는 학문을 말한 것이요, 如琢如磨는 스스로 행실을 닦음이요, 瑟兮僩
兮는 마음의 두려워함이요 赫兮喧兮는 겉으로 드러나는 威儀요, 문채
나는 군자여 끝내 잊지 못한다는 것은 성대한 덕과 지극히 착함을
백성이 능히 잊지 못함을 말한다.

【集註】詩는 衛風淇澳之篇이라 淇는 水名이라 澳은 隈也라 猗猗는 美盛貌니 興也라 斐는 文貌라 切以刀鋸하고 琢以椎鑿하나니 皆裁物하여 使成形質也요 磋以鑢錫하고 磨以沙石하나니 皆治物하여 使其滑澤也라 治骨角者 旣切而復磋之하고 治玉石者는 旣琢而復磨之하나니 皆言其治之有緒而益致其精也라 瑟은 嚴密之貌요 僩은 武毅之貌라 赫喧은 宣著盛大之貌라 諠은 忘也라 道는 言也라 學은 謂講習討論之事라 自修者는 省察克治之功이라 恂慄은 戰懼也라 威는 可畏也요 儀는 可象也라 引詩而釋之하여 以明明明德者之止於至善이라 道學自修는 言其所以得之之由요 恂慄威儀는 言其德容表裏之盛이요 卒은 乃指其實而歎美之也라

詩는 〈衛風 淇澳篇〉이다. 淇는 물 이름이요, 澳는 물이 굽어 휘어진 곳이다. 猗猗는 아름답고 성한 모양이니, 興이다. 斐는 문채 나는 모양이다. 칼과 톱으로써 끊고, 망치와 끌로써 쪼으니, 모두 물건을 재단하여 모양의 바탕을 이루게 하는 것이다. 줄과 대패로써 다듬고 모래와 돌로써 가니, 모두 물건을 다스려서 매끄럽고 윤택하게 하는 것이다. 뼈와 뿔을 다스리는 자는 이미 잘라놓고 다시 이것을 갈며, 玉과 돌을 다스리는 자는 이미 쪼아놓고 다시 가니, 모두 그 다스림에 실마리가 있고 더욱 그 정미함을 지극히 함을 말한 것이다. 瑟은 엄밀한 모양이요, 僩은 굳센 모양이다. 赫·喧은 드러나고 성대한 모양이다. 諠은 잊음이다. 道는 말함이다. 學은 강습하고 토론하는 일을 이르고, 自修는 성찰하고 이겨 몸을 다스리는 공부이다. 恂慄은 두려워함이다. 威는 두려울 만함이요, 儀는 본받을 만함이다. 『詩經』을 인용하여 이것을 해석하여서 明明德하는 자의 지극히 선함에 그침을 밝힌 것이다. 道學과 自修는 이것을 얻게 된 연유를 말한 것이요, 恂

慄과 威儀는 그 덕의 모습의 겉과 속이 성대함을 말한 것이요, 끝 문구는 그 실제를 가리켜, 감탄하고 아름답게 여김이다.

興:「詩經」六義의 하나로, 어떤 일을 詩로 읊을 때에 먼저 다른 사물을 말하여, 다음의 글을 일으키는 것을 말한다. 詩의 六義는 風, 雅, 頌과 興, 賦, 比의 여섯 가지를 가리킨다.

【補遺】按如切如磋는 始條理之事也요 如琢如磨는 終條理之事也라 恂慄者는 嚴敬之存乎中也니 本也요 威儀者는 輝光之著乎外也니 末也라 學與自修는 始也요 盛德至善民不能忘은 終也라 下章本末終始之意가 已寓於此하니 此章明止至善之義하고 下章又言知止而后有定하니 文理血脈之接續貫通을 於此에 亦可見矣라

살펴보건대 如切如磋는 條理를 시작하는 일이요 如琢如磨는 條理를 마무리하는 일이다. 恂慄은 엄숙하고 공경함이 마음속에 보존되는 것이니 本이요, 威儀는 빛나는 문채가 밖으로 드러나는 것이니 末이다. 學과 自修는 시작이요 盛德至善民不能忘은 끝이다. 아래 章의 本末과 始終의 뜻이 이미 이에 내포되어 있으니 이 章은 止至善의 뜻을 밝혔고, 아래 章에서 또 知止而后有定을 말하였으니, 글의 이치와 맥락이 이어지고 관통됨을 여기에서 또한 알 수 있다.

條理: 앞뒤가 들어맞고 체계가 서는 것.

詩云 於戲라 前王不忘이라하니 君子는 賢其賢而親其親하고 小人은 樂其樂而利其利하나니 此以沒世不忘也니라

『詩經』에 이르기를, '아아! 앞의 임금님을 잊지 못한다.' 하였으니, 군자는 前王이 어질게 여긴 사람을 어질게 여기고, 그 친하게 여긴

사람을 친히 여기며, 소인은 그 즐겁게 여긴 것을 즐거워하고, 그 이롭게 여긴 것을 이롭게 여기니, 이 때문에 세상에 없어도 잊지 못하는 것이다.

【集註】詩는 周頌烈文篇이라 於戱는 歎辭라 前王은 謂文武也요 君子는 謂其後賢後王이요 小人은 謂後民也라 此는 言前王所以新民者 止於至善하여 能使天下後世로 無一物不得其所하니 所以旣沒世 而人思慕之하여 愈久而不忘也라 此兩節은 咏歎淫洗하여 其味深長하니 當熟玩之니라

詩는 〈周頌 烈文篇〉이다. 於戱는 감탄하는 말이다. 前王은 문왕·무왕을 이름이요, 군자는 후대의 현인과 후대의 왕을 이름이요, 小人은 후대의 백성을 이른다. 이는 前王이 백성을 새롭게 한 것이 지극히 착한 데에 그쳐서 능히 천하와 후세로 하여금 한 물건이라도 제곳을 얻지 못함이 없게 하였다. 이 때문에 이미 (돌아기시어) 세상에 없는데도 사람들이 그를 사모하여 더욱 오래도록 잊지 못함을 말한 것이다. 이 두 절은 읊조리고 감탄함이 뜻이 풍부하여 말 밖에 넘쳐서 그 맛이 깊고 길으니 마땅히 익숙히 완미해야 한다.

咏歎淫洗: 咏歎은 詩를 읊조리고 감탄하는 것이며, 淫洗은 원래 음탕함에 빠짐을 이르는 말이나, 여기서는 詩의 뜻이 풍부하여 말 밖에 넘침을 뜻한다.

右는 傳之三章이니 釋止於至善하다

위는 傳文의 3章이니, 止於至善을 해석하였다.

物有本末하고 事有終始하니 知所先後면 則近道矣리라

물건에는 근본과 끝이 있고, 일에는 마침과 시작이 있으니, 먼저 하고 뒤에 할 것을 알면 도에 가까울 것이다.

【補遺】謹按大學之敎는 始於格物致知하여 而凡天下萬物庶事가 莫不有本末終始하니 能窮其本末終始之理하여 而知所先後緩急이면 則進德修業이 循循有序하여 而其至於道也 不遠矣라 章首에 疑有所謂致知在格物者八字한데 而今亡矣라

삼가 살펴보건대, 大學의 가르침은 格物致知에서 시작하여 무릇 천하의 모든 사물이 本末과 終始가 있지 아니함이 없으니 그 本末과 終始의 이치를 궁구하여 先後緩急하는 바를 알 수 있으면 進德修業이 순순히 차례가 있어 아마 도에 이름이 멀지 않을 것이다. 章 머리에 의심하건데 所謂致知在格物者 8字가 있었을 것인데 지금은 없다.

先後緩急: 일의 앞 뒤, 급함과 급하지 않음.

進德修業: 덕에 나아가 학업을 닦음.

【補遺】○ 程子曰 格物者는 適道之始니 思欲格物이면 則固已近道矣라하시니 以收其心 而不放也라

정자께서 말씀하시기를 "格物이라는 것은 道에 나아가는 시작이니 생각이 사물을 궁구하려고 한다면 진실로 이미 도에 가까워진 것이다." 하였으니 그 마음을 거두어 놓치지 말아야 할 것이다.

知止而后에 有定이니 定而后에 能靜하며 靜而后에 能安하며 安而后에 能慮하며 慮而后에 能得이니라

그칠 데를 안 뒤에 정해짐이 있으니, 정해짐이 있은 뒤에 능히 고요할 수 있고, 고요할 수 있은 뒤에 능히 편안할 수 있고, 편안할 수

있은 뒤에 능히 생각할 수 있고, 생각할 수 있은 뒤에 능히 얻을 수
있다.

【補遺】知止者는 物格知至하여 而於天下之事에 皆有以知其至善之
所在也라 靜은 謂心不妄動이니 能知所止면 則方寸之間에 事事物物이
皆有定理하여 無以動其心而能靜矣라 心旣能靜이면 則所處而安하여
日用之間에 從容閑暇하여 事至物來에 有以揆之而能慮矣라 能慮則隨
事觀理하고 極心硏幾하여 無不各得其所止之地矣라 程子曰 致知之要
는 當知至善之所在니 如父止於慈 子止於孝之類라

知止란 사물의 이치가 궁구되고 앎이 지극하여 천하의 일에 모두
至善이 있는 곳을 아는 것이다. 靜은 마음이 망령되이 동요하지 않는
것을 이르니, 능히 그칠 바를 안다면 方寸사이에 사물마다 모두 정하
여진 이치가 있어서 그 마음을 움직일 수 없어 능히 고요하다. 마음
이 이미 능히 고요하다면 처리하는 바에 편안하여 날로 사용하는 사
이에 침착하여 한가로 와서 사물이 다가올 적에 그것을 살펴서 능히
헤아릴 수 있다. 능히 헤아린다면 일에 따라 이치를 살피고 마음을
다하여 기미를 궁구하여 각각 그칠 바를 얻지 아니함이 없다. 정자가
말하기를, "致知의 요체는 마땅히 至善이 있는 곳을 알아야 하는 것
이니, 아비는 사랑함에 그치며 아들은 효도함에 그친다고 한 類와
같으니라."

【補遺】○ 謹按 安은 謂安於所止니 卽所謂居之安也라 慮는 思也
니 程子所謂 能致其知면 則思日益明者是也라 蓋格物而知止하면 則於
事物當然之則에 皆有定見而心無妄動危殆之累하고 其思慮益明矣라 思
之明이면 則又有以精硏物理之所以然하여 而有得於心矣라 孟子所謂

思則得之와 程子所謂思慮有得 中心悅豫者가 正謂是也라 曰靜 曰安
曰慮는 皆就心上說하여 以起下章誠意正心之功이라

삼가 살펴보건대 安은 그치는 바에 편안함을 이르니, 바로 이른바
거처함이 편안한 것이다. 慮는 생각한다는 뜻이니, 정자가 이른바
"능히 그 지식을 이룬다면 思慮가 나날이 더욱 밝아진다."라 한 것이
이것이다. 대개 사물 이치를 궁구하여 그칠 데를 안다면 사물의 당연
한 법칙에 다 정확하게 보는 것이 있어서 마음이 함부로 요동하여
위태해짐이 쌓이고 그 思慮가 더욱 밝아질 것이다. 思慮가 밝아지면
또 사물 이치가 그렇게 되는 까닭을 정밀하게 연구하여 마음에 얻어
짐이 있을 것이다. 맹자가 이른바 "생각하면 그것을 얻을 것이다."라
고 한 말과, 정자가 이른바 "思慮가 얻음이 있으면 마음속이 기쁠 것
이다."라고 한 것이 바로 이를 이르는 것이다. '靜'이라 하고, '安'이라
하고, '慮'라고 한 것은 다 心上에 나아가 말한 것으로써, 아래 장의
誠意正心의 功을 일으킨다.

此謂知本이며

이것을 근본을 안다고 이른다.
程子曰 衍文也이라

정자께서 말씀하시기를, "衍文이다." 하였다.
衍文: 글 가운데 쓸데없이 끼인 군더더기 글귀

【補遺】○ 謹按此句는 舊本엔 元在經文之下러니라

삼가 살펴보건대 이 구절은 옛 판본에는 원래 경문의 아래에 있었

던 것이다.

此謂知之至也니라

이것을 일러 앎이 지극하다고 하는 것이다.

【補遺】謹按此結上文兩節之意이라

삼가 살펴보건대 이 글은 위 글 양 절의 뜻을 맺은 것이다.

右는 傳之四章이니 釋格物致知하다

右는 傳文 4章이니 格物致知를 해석한 것이다.

【集註】所謂致知在格物者는 言欲致吾之知인댄 在卽物而窮其理也라 蓋人心之靈이 莫不有知요 而天下之物이 莫不有理언마는 惟於理에 有未窮 故로 其知有不盡也니 是以로 大學始敎에 必使學者로 卽凡天下之物하여 莫不因已知之理 而益窮之하여 以求至乎其極하나니 至於用力之久 而一旦에 豁然貫通焉이면 則衆物之表裏精粗가 無不到요 而吾心之全體大用이 無不明矣리니 此謂格物이며 此謂知之至也니라

이른바 앎을 지극하게 이룸이 사물의 이치를 궁구함에 있다는 것은 나의 앎을 지극하게 이루고자 하려면 사물에 나아가 그 이치를 궁구함에 있다는 것을 말한다. 대개 사람 마음의 신령함이 앎(良知)이 있지 아니함이 없으며, 천하의 사물에 이치가 있지 아니함이 없지만, 다만 이치에 궁구하지 않음이 있기 때문에, 그 앎이 다하지 못함이 있는 것이다. 이로써 대학에서 처음 가르칠 적에 반드시 배우는 자로 하여금 모든 천하의 사물에 나아가 이미 알고 있는 이치로 인하여 더욱 그것을 궁구함으로써 그 지극함에 이르기를 추구하게 하

였다. 날로 힘씀이 오래됨에 이르러 어느 날 아침에 활연히 관통하면 뭇 사물의 겉과 속·정밀함과 거친 데에 이르지 아니함이 없고 내 마음의 온전한 본체(體)와 큰 쓰임(用)이 밝지 아니함이 없게 될 것이니 이를 일러 '格物'이라 하며 이를 일러 '知至'라 한다.

【補遺】○謹按致知之要는　亦宜有緩急先後之序니　由近而及於遠니요　由人倫而及於庶物이니　必有以見至善之所在하고　而知其所止라　然後에　其所知所得이　皆切於身心日用之實이요　而非外物也라　若不務此하고　而徒欲泛然하여　以觀萬物之理면　則正如程子所謂　大軍之遊騎　出太遠而無所歸也라　此又不可不察이니라

삼가 살펴보건대 致知의 요체는 역시 마땅히 느리고 급함과 선후의 차례가 있는 것이니, 가까운 데로 말미암아 먼 곳에 미치고 인륜으로 말미암아 뭇 사물에 미치니, 반드시 지극한 선이 있는 곳을 보고 그 그칠 바를 안 뒤에 그 아는 것과 얻은 것이 다 몸과 마음과 일상의 실제에 절실한 것이요 외적인 것(物)이 아니다. 만약 이에 힘쓰지 아니하고 한갓 범연히 만물의 이치를 보고자 한다면, 이는 바로 정자가 이른바 "큰 군대가 말 타고 가는데 매우 멀리 나가서 돌아올 곳이 없다"고 한 것과 같다. 이 또한 살피지 아니할 수 없다.

泛然: 차근차근하고 데면데면한 모양

所謂誠其意者는　毋自欺也니　如惡惡臭하며　如好好色이　此之謂自謙이니　故로　君子는　必愼其獨也니라 （謙讀爲慊）

이른바 그 뜻을 성실히 한다는 것은 스스로 속이지 않는 것이니, (惡을 미워하기를) 惡臭를 미워하는 것과 같이 하며, (善을 좋아하기

를) 好色을 좋아하는 것과 같음이니, 이것을 自慊이라 이른다. 그러므로 군자는 반드시 그 홀로 있음을 삼가는 것이다. (慊을 慊이라고 읽는다)

自謙: 제 마음을 겸손하게 가짐.

【集註】誠其意者는 自修之首也라 毋者는 禁止之辭라 自欺云者는 知爲善以去惡 而心之所發이 有未實也라 謙는 快也며 足也라 獨者는 人所不知而己所獨知之地也라 言欲自修者 知爲善以去惡 則當實用其力 而禁止其自欺하여 使其惡惡 則如惡惡臭하고 好善則如好好色이니 皆 務決去 而求必得之하여 以自快足於己요 不可徒苟且以徇外而爲人也라 然이나 其實與不實은 蓋有此人所不及知 而己獨知之라 故로 必謹之於 此하여 以審其幾焉이라

그 뜻을 성실히 하는 것은 자기를 닦음에 으뜸이다. 毋는 금지하는 말이다. 自欺라고 함은 착함을 행하고 악함을 버려야 함을 알되, 마음의 發하는 바가 성실하지 못함이 있는 것이다. 謙은 유쾌함이며, 만족함이다. 獨은 다른 사람들은 알지 못하고, 자기만이 홀로 아는 곳이다. 스스로 닦고자 하는 사람은 착함을 행해야 하고 악함을 버려야 함을 알았으면, 마땅히 성실하게 그 힘을 써서 스스로를 속이지 않도록 해서, 악함을 미워하기를 나쁜 냄새를 미워하는 것과 같이 하고, 착함을 좋아하기를 좋은 색을 좋아하는 것과 같이 하여, 모두 힘써 결단하여 버리고, 구하여 반드시 얻어서 스스로 자기에게 만족하게 할 것이요, 한갓 구차히 외면을 따라 남을 위해서는 안 됨을 말한 것이다. 그러나 그 진실 되고 진실 되지 않음은 다른 사람들은 미처 알지 못하고, 자기만이 홀로 아는 데 있다. 그러므로 반드시 이에 삼가서 그 기미를 살펴야 한다.

小人이 閒居에 爲不善호대 無所不至라가 見君子而後에 厭然揜其
不善하고 而著其善하나니 人之視己 如見其肺肝이니 然則何益矣리
오 此謂誠於中이면 形於外니 故로 君子는 必愼其獨也니라

소인이 한가로이 거처할 때에 착하지 않은 일을 해서 이르지 않는
곳이 없다가, 군자를 본 뒤에 겸연쩍게 그 착하지 못한 것을 가리고
착한 것을 드러내나니, 다른 사람들이 자기를 보기를 폐와 간을 보듯
이 할 것이니, 그렇다면 무슨 유익함이 있겠는가? 이것을 일러 마음
이 성실하면 외면에 나타난다고 한다. 그러므로 군자는 반드시 홀로
있음을 삼가는 것이다.

【集註】閒居는 獨處也라 厭然은 消沮閉藏之貌라 此는 言小人이
陰爲不善 而陽欲揜之 則是는 非不知善之當爲와 與惡之當去也로대 但
不能實用其力以至此耳라 然이나 欲揜其惡而卒不可揜하고 欲詐爲善而
卒不可詐하니 則亦何益之有哉아 此는 君子가 所以重以爲戒 而必謹其
獨也라

閒居는 홀로 거처하는 것이다. 厭然은 없애고 닫아 감추는 모습이
다. 이는 小人이 속으로 착하지 않은 일을 하다가 겉으로는 이것을
감추고자 하는 것이니, 그렇다면 착함을 마땅히 해야 하고 악함을 마
땅히 버려야 함을 알지 못하는 것이 아니지만, 다만 실제로 그 힘을
쓰지 못하여 이에 이름을 말한 것이다. 그러나 그 악함을 가리려고
하여도 마침내 가릴 수 없고 거짓으로 착함을 하려 해도 마침내 속
일 수 없으니, 또한 무슨 유익됨이 있겠는가. 이것이 군자가 거듭 경
계하여 반드시 그 홀로 있음을 삼가야 하는 것이다.

曾子曰 十目所視며 十手所指니 其嚴乎인져

증자께서 말씀하시기를, "열 사람의 눈이 보는 바이며, 열 사람의 손가락이 가리키는 바이니, 엄한 것이로다." 하셨다.

【集註】引此하여 以明上文之意하니 言雖幽獨之中이나 而其善惡之 不可揜이 如此하니 可畏之甚也라

이것을 인용하여 위 글의 뜻을 밝힌 것이다. 비록 어둡고 혼자 있더라도 그 착함과 악함을 가릴 수 없음이 이와 같으니, 두려울 만함이 심함을 말씀한 것이다.

富潤屋이요 德潤身이라 心廣體胖하나니 故로 君子는 必誠其意니라

부유함은 집을 윤택하게 하고, 덕은 몸을 윤택하게 하기 때문에 (德이 있으면) 마음이 넓어지면 몸이 편안해지니, 그러므로 군자는 반드시 그 뜻을 성실하게 한다.

【集註】胖은 安舒也라 言 富則能潤屋矣요 德則能潤身矣라 故로 心無愧怍 則廣大寬平 而體常舒泰하니 德之潤身者 然也이라 蓋善之實 於中而形於外者 如此하니 故로 又言此以結之라

胖은 편안하고 여유가 있음이다. 부유하면 능히 집을 윤택하게 하고, 德이 있으면 능히 몸을 윤택하게 한다. 그러므로 마음에 부끄러움이 없으면 넓고 크며 너그럽고 평화로워서 몸이 항상 여유 있고 평안해지니, 德이 몸을 윤택하게 함이 그러한 것이다. 대개 착함이 마음속에 가득 차면 바깥에 나타남이 이와 같다. 그러므로 또 이것을

말하여 맺은 것이다.

右는 傳之五章이니 釋誠意하다.

右는 傳文의 5章이니 誠意를 해석하였다.

經에 曰 欲誠其意인댄 先致其知라하고 又曰 知至而后意誠이라하니
蓋心體之明이 有所未盡 則其所發이 必有不能實用其力而苟焉하여 以
自欺者라 然이나 或已明而不謹乎此 則其所明이 又非己有하여 而無以
爲進德之基라 故로 此章之指 必承上章而通考之然後에야 有以見其用
力之始終이니 其序 不可亂이요 而功不可闕 如此云이라

經文에 이르기를, "그 뜻을 성실히 하고자 한다면 먼저 그 앎을 지
극하게 이루라." 하였고, 또 말하기를 "앎이 지극한 뒤에 뜻이 성실
해진다." 하였으니, 마음에 본체의 밝음이 다 밝아지지 못한 곳이 있
으면 마음의 드러나는 것이 반드시 그 힘을 성실하게 쓰지 못하여
구차하게 스스로 속임이 있게 되는 것이다. 그러나 혹 이미 밝더라도
이것을 삼가지 않으면, 그 밝았던 것이 또 자기의 소유가 아니어서
德에 나아가는 터전이 되지 못할 것이다. 그러므로 이 章의 뜻은 반
드시 위 章을 이어서 통틀어 살펴본 뒤에 공부의 힘을 쓰는 시작과
끝을 알 수 있으니, 그 순서를 어지럽힐 수 없고, 공효는 빠뜨릴 수
없음이 이와 같다.

所謂修身이 在正其心者는 身有所忿懥 則不得其正하고 有所恐懼
則不得其正하고 有所好樂 則不得其正하고 有所憂患 則不得其正이
니라

이른바 몸을 닦음이 그 마음을 바르게 하는 데 있으니, 마음에 분

하고 성내는 바가 있으면 그 바르게 가다듬지 못하며, 두려워하고 무서워하는 바가 있으면 마음을 바르게 할 수 없으며, 좋아하고 즐기는 바가 있으면 마음을 바르게 할 수 없으며, 근심하고 걱정하는 바가 있으면 마음을 바르게 할 수 없다.

【集註】程子曰 身有之身은 當作心이라 ○忿懥는 怒也라 蓋是四者는 皆心之用而人所不能無者라 然이나 一有之而不能察 則欲動情勝 而其用之所行이 或不能不失其正矣라

정자가 말씀하시기를 "身有의 身은 마땅히 心이 되어야 한다." 하였다. 忿懥는 노함이다. 이 네 가지는 모두 마음의 작용이고 사람에게 없을 수 없는 것이다. 그러나 하나라도 (이 마음의 작용이) 있으되 살피지 못하면, 곧 욕심이 움직이고 情이 이기게 되어서, 마음이 작용되는 곳이 혹 바름을 잃지 않을 수 없을 것이다.

心不在焉이면 視而不見하며 聽而不聞하며 食而不知其味니라

마음이 있지 않으면 보아도 보이지 아니하며, 들어도 들리지 않으며, 먹어도 그 맛을 알지 못한다.

【集註】心有不存 則無以檢其身이라 是以로 君子 必察乎此 而敬以直之 然後에 此心常存 而身無不修也라

마음이 보존되지 않음이 있으면 그 몸을 점검할 수가 없다. 이 때문에 군자는 반드시 이를 살펴서 경건함으로써 바르게 한 뒤에야 이 마음이 항상 보존되어 몸이 닦아지지 않음이 없는 것이다.

此謂修身이 在正其心이니라

이것을 일러 "몸을 닦음이 그 마음을 바르게 가다듬음에 있다."고
하는 것이다.

右는 傳之六章이니 釋正心修身하다

右는 전문의 7章이니, 正心, 修身을 해석하였다.

此亦承上章하여 以起下章이라 蓋意誠 則眞無惡而實有善矣라 所以
能存是心以檢其身이나 然이나 或但知誠意 而不能密察此心之存否 則
又無以直內而修身也라 自此以下는 幷以舊文으로 爲正하노라

이것 또한 위 章을 이어서 아래 章을 일으킨 것이다. 대개 뜻이 성
실해지면 참으로 악함은 없고 진실로 착함만 있을 것이니, 그러므로
능히 마음을 보존하여 그 몸을 점검할 수 있다. 그러나 혹 단지 뜻을
성실하게 할 줄만 알고, 이 마음의 보존여부를 세밀하게 살필 수 없
다면, 또한 마음을 곧게 하여 몸을 닦을 수가 없다. 이로부터 아래는
모두 옛 판본을 옳은 것으로 삼는다.

所謂齊其家在修其身者는 人이 之其所親愛而辟焉하며 之其所賤惡
而辟焉하며 之其所畏敬而辟焉하며 之其所哀矜而辟焉하며 之其所傲
惰而辟焉하나니 故로 好而知其惡하며 惡而知其美者 天下에 鮮矣니라

이른바 그 집안을 가지런히 함이 몸을 닦음에 있다는 것은 사람들
이 친하고 사랑하는 바에 치우치고, 천히 여기고 미워하는 바에 치우
치며, 두려워하고 존경하는 바에 치우치며, 가엽게 여기고 불쌍히 여
기는 바에 치우치며, 거만하고 태만히 하는 바에 치우친다. 그러므로

좋아하면서도 그의 나쁨을 알며, 미워하면서도 그의 아름다운 것을 아는 사람은 천하에 적은 것이다.

【集註】人은 謂衆人이라 之는 猶於也라 辟은 猶偏也라 五者 在人은 本有當然之則이나 然이나 常人之情은 惟其所向而不加察焉 則必陷於一偏 而身不修矣라

人은 뭇 사람을 이른다. 之는 於와 같고, 辟은 치우침과 같다. 이 다섯 가지는 사람에 있어서 본래부터 있는 당연한 법칙이나, 보통 사람들의 情은 오직 그 향하는 대로 하고 살피지 않으면 반드시 치우친 데로 빠져서 몸이 닦여지지 못할 것이다.

故로 諺에 有之하니 曰 人이 莫知其子之惡하며 莫知其苗之碩이라하니라

그러므로 속담에 이러한 말이 있으니, "사람들이 자기 자식의 악함을 알지 못하며, 그 싹이 큼을 알지 못한다." 하였다.

【集註】諺은 俗語也라 溺愛者는 不明하고 貪得者는 無厭하나니 是則偏之爲害而家之所以不齊也라

諺은 속담이다. 사랑에 빠진 사람은 밝지 못하고, 얻음을 탐하는 사람은 싫어함이 없으니, 이것은 치우침으로 인한 해로움이요 집안이 가지런해지지 못하는 이유이다.

此謂身不修면 不可以齊其家니라

이것을 일러 "몸이 닦아지지 않으면 그 집안을 가지런히 할 수 없다."고 함이다.

右는 傳之七章이니 釋修身齊家하다

右는 傳文의 7章이니, 修身, 齊家를 해석하였다.

所謂治國이 必先齊其家者는 其家를 不可敎요 而能敎人者 無之하니 故로 君子는 不出家而成敎於國하나니 孝者는 所以事君也요 弟者는 所以事長也요 慈者는 所以使衆也니라

이른바 나라를 다스림이 반드시 먼저 그 집안을 가지런히 함에 있다는 것은 그 집안을 가르치지 못하고 능히 남을 가르치는 자는 없다. 그러므로 君子는 집을 나가지 않고 나라에 가르침을 이루는 것이다. 효도는 군주를 섬기는 것이요, 공손은 어른을 섬기는 것이요, 사랑은 여러 백성들을 부리는 것이다.

【集註】修身則家可敎矣라 孝弟慈는 所以修身而敎於家者也라 然而國之所以事君事長使衆之道 不外乎此하니 此所以家齊於上而敎成於下也라

몸이 닦여지면 집안을 다스릴 수 있다. 효도(孝)·공손(弟)·사랑(慈)은 몸을 닦고 집안을 다스리는 것이다. 그러나 국가의 군주를 섬기고 어른을 섬기고 백성을 부리는 바의 도가 여기에서 벗어나지 않으니, 이것이 위에서 집안이 가지런해짐에 아래에서 가르침이 이루어지게 되는 까닭이다.

康誥에 曰 如保赤子라하니 心誠求之면 雖不中이나 不遠矣니 未有學養子而后에 嫁者也니라

〈康誥〉에 이르기를 "갓난아이를 보호하듯이 한다." 하였으니, 마음으로 정성스럽게 구하면 비록 딱 맞지는 않으나 멀지는 않을 것이다.

자식 기르는 것을 배운 뒤에 시집가는 자는 있지 않다.

【集註】此는 引書而釋之하여 又明立敎之本 不暇强爲요 在識其端
而推廣之耳라

이는 『書經』을 인용하고 이것을 해석하여, 또 가르침을 세우는 근
본이 억지로 함을 빌리지 않고, 그 단서를 알아서 미루어 넓혀 감에
있음을 밝힌 것이다.

一家仁이면 一國이 興仁하고 一家讓이면 一國이 興讓하고 一人이
貪戾하면 一國이 作亂하나니 其機如此하니 此謂一言이 僨事며 一人
이 定國이니라

한 집안이 어질면 한 나라가 어짊에 흥기하고, 한 집안이 사양하면
한 나라가 사양함에 흥기하고, 한 사람이 탐하고 어그러지면 한 나라
가 어지러움을 일으키게 되니, 그 기틀이 이와 같다. 이것을 일러
"한마디 말이 일을 그르치게 하며, 한 사람이 나라를 안정시킨다."고
하는 것이다.

【集註】一人은 謂君也라 機는 發動所由也라 僨은 覆敗也라 此는
言敎成於國之效라

一人은 임금을 이른다. 機는 발동하는 시발점이다. 僨은 전복되고
패망함이다. 이 글은 나라에 가르침이 이루어지는 효과를 말한 것이다.

堯舜이 帥天下以仁하신대 而民이 從之하고 桀紂 帥天下以暴한대
而民이 從之하니 其所令이 反其所好면 而民이 不從하나니 是故로
君子는 有諸己而後에 求諸人하며 無諸己而後에 非諸人하나니 所藏
乎身이 不恕요 而能喩諸人者 未之有也니라

堯임금과 舜임금이 천하를 어짊으로써 거느리시자 백성들이 그를 따랐고, 桀임금과 紂임금이 천하를 포악함으로써 거느리자 백성들이 따랐으니, 그 명령하는 바가 자기(君主)의 좋아하는 바와 반대되면 백성들이 따르지 않는다. 그러므로 군자는 자기 몸에 착함이 있은 뒤에 남에게 착함을 요구하며, 자기 몸에 악함이 없게 한 뒤에 남의 악함을 비난하는 것이다. 자기 몸에 간직하고 있는 것이 恕하지 못하고서 능히 남을 깨우칠 수 있는 사람은 있지 않다.

【集註】此는 又承上文一人定國而言이라 有善於己然後에 可以責人之善하고 無惡於己然後에 可以正人之惡이니 皆推己以及人이니 所謂恕也라 不如是則所令이 反其所好하여 而民不從矣라 喩는 曉也라

이는 또 위 글에 "한 사람이 나라를 안정시킨다."는 것을 이어서 말한 것이다. 자기 몸에 착함이 있은 뒤에 남의 착함을 권면할 수 있고, 자기 몸에 악함이 없게 한 뒤에 남의 악함을 바로잡을 수 있다. 이는 모두 자기를 미루어 남에게 미치는 것이니, 이른바 恕라는 것이다. 이와 같이 하지 않으면 명령하는 바가 자기가 좋아하는 바와 반대가 되어, 백성들이 따르지 않을 것이다. 喩는 깨우침이다.

故로 治國이 在齊其家니라

그러므로 나라를 다스림이 그 집안을 가지런히 함에 있다.

【集註】通結上文이라
위 글을 총괄하여 맺은 것이다.

詩云 桃之夭夭여 其葉蓁蓁이로다 之子于歸여 宜其家人이라하니

宜其家人而后에 可以教國人이니라

『詩經』에 이르기를 "복숭아꽃이 예쁨이여, 그 잎이 무성하여라! 어여쁜 저 아가씨의 시집감이여, 그 집안사람들을 화목하게 하네!" 하였으니, 그 집안사람들을 화목하게 한 뒤에 나라를 가르칠 수 있는 것이다.

【集註】詩는 周南桃夭之篇이라 夭夭는 少好貌라 蓁蓁은 美盛貌니 興也라 之子는 猶言是子니 此는 指女子之嫁者而言也라 婦人이 謂嫁 曰歸라 宜는 猶善也라

詩는 〈周南 桃夭篇〉이다. 夭夭는 어리고 예쁜 모양이요, 蓁蓁은 아름답고 성한 모양이니, 시의 興에 해당된다. 之子는 이 사람이라는 말과 같으니, 이것은 시집가는 여자를 가리켜 말한 것이다. 부인이 시집가는 것을 歸라 한다. 宜는 잘한다는 것과 같다.

詩云 宜兄宜弟라하니 宜兄宜弟而后에 可以教國人이니라

『詩經』에 이르기를, "형에게도 마땅히 하고, 아우에게도 마땅히 한다." 하였으니, 형에게 마땅히 하고 아우에게 마땅히 한 뒤에야 나라 사람을 가르칠 수 있는 것이다.

【集註】詩는 小雅蓼蕭篇이라

詩는 〈小雅 蓼蕭篇〉이다.

詩云 其儀不忒이라 正是四國이라하니 其爲父子兄弟 足法而后에 民이 法之也니라

『詩經』에 이르기를, "그 위의가 어그러지지 않는지라, 바로 온 나라를 바르게 할 것이로다." 하였으니, 그 아비 되고 아들 되고 형 되고 아우 됨이 족히 본받을 만한 뒤에야 백성들이 본받는 것이다.

【集註】 詩는 曹風鳲鳩篇이라 忒은 差也라

詩는 〈曹風 鳲鳩篇〉이다. 忒은 어그러짐이다.

此謂治國 在齊其家니라

이것을 일러 "나라를 다스림이 그 집안을 가지런히 함에 있다."고 한다.

【集註】 此三引詩는 皆以咏歎上文之事요 而又結之如此하니 其味深長이라 最宜潛玩이니라

이 세 가지 인용한 시는 모두 위 글의 일을 읊고 감탄한 것으로, 또 이와 같이 맺었으니 그 맛이 깊다. 마땅히 마음을 잠겨 음미해 보아야 할 것이다.

右는 傳之八章이니 釋齊家治國하다

右는 傳文의 8章이니, 齊家·治國을 해석하였다.

【補遺】 謹按此章은 言國之本이 在家는 仁於家(孝弟慈)而推以及民이면 則教化行而國治하고 不仁則禍亂起 而國不可爲矣라

삼가 살펴보건대 이 章은 국가를 다스리는 근본이 집을 다스림에 달려 있다는 것을 말하여 집에서 어질고(孝하고 弟하며 慈한다) 미루어 백성에게 미치면 교화가 행해져 나라가 다스려지고, 어질지 못

하면 재앙과 어지러움이 일어나 국가가 다스려지지 못하는 것이라는
것을 말한 것이다.

所謂平天下 在治其國者는 上이 老老而民興孝하며 上이 長長而民
興弟하며 上이 恤孤而民 不培하나니 是以로 君子有絜矩之道也니라

이른바 천하를 평정함이 그 나라를 다스림에 있다는 것은, 윗사람
이 늙은이를 늙은이로 대우함에 백성들이 효도에 흥기하며, 윗사람이
어른을 어른으로 대우함에 백성들이 우애함에 흥기하며, 윗사람이 고
아를 규휼함에 백성들이 저버리지 않는다. 이러므로 군자는 絜矩의
道가 있는 것이다.

絜矩: 곡척을 가지고 목수가 물건을 헤아리는 것으로, 군자가 자기
마음속의 밝은 덕을 밝힌 다음, 내 마음을 미루어 다른 사람의 마음
을 헤아리는 것을 말함.

絜矩之道: 자기의 마음을 미루어 남의 마음을 헤아리는 도덕상의
법도. 즉 同情을 이름

【集註】老老는 所謂老吾老也라 興은 謂有所感發而興起也라 孤者
는 幼而無父之稱이라 絜은 度也요 矩는 所以爲方也라 言此三者는 上
行下效 捷於影響하니 所謂家齊而國治也라 亦可以見人心之所同 而不
可使有一夫之不獲矣라 是以로 君子는 必當因其所同하여 推以度物하
여 使彼我之間으로 各得分願 則上下四方이 均齊方正하여 而天下平矣라

老老는 『孟子』에 이른바 "내 노인을 노인으로 섬긴다."는 것이다.
興은 마음이 감흥을 받아 일어나는 것을 이른다. 孤는 어려서 아버지
가 없는 자의 칭호이다. 絜은 헤아림이다. 矩는 네모진 것을 만드는

기구이다. 이 세 가지는 윗사람이 행하면 아랫사람이 본받는 것이 그림자와 메아리보다도 빠르니, 이른바 집안이 가지런해짐에 나라가 다스려진다는 것을 말한다. 또한 사람 마음이 똑같아서 한 지아비라도 살 곳을 얻지 못함이 있게 해서는 안 됨을 알 수 있다. 이 때문에 군자는 반드시 그 같은 바를 따라서 마땅히 내 마음을 미루어서 남을 헤아려야 할 것이니, 저와 나로 하여금 각기 분수와 소원을 얻게 한다면, 상하와 사방이 모두 고르고 방정해져서 천하가 화평해질 것이다.

所惡於上으로 毋以使下하며 所惡於下로 毋以事上하며 所惡於前으로 毋以先後하며 所惡於後로 毋以從前하며 所惡於右로 毋以交於左하며 所惡於左로 毋以交於右 此之謂絜矩之道니라

윗사람에게서 싫었던 것으로 아랫사람을 부리지 말며, 아랫사람에게서 싫었던 것으로 윗사람을 섬기지 말며, 앞사람에게서 싫었던 것으로 뒷사람에게 먼저 하지 말며, 뒷사람에게서 싫었던 것으로 앞사람을 따르지 말며, 오른쪽에게서 싫었던 것으로 왼쪽 사람을 사귀지 말며, 왼쪽 사람에게 싫었던 것으로 오른쪽 사람에게 사귀지 말 것이니, 이것을 絜矩의 道라고 하는 것이다.

【集註】此는 覆解上文絜矩二字之義라 如不欲上之無禮於我 則必以此로 度下之心 而亦不敢以此無禮로 使之하고 不欲下之不忠於我 則必以此로 度上之心 而亦不敢以此不忠으로 事之하니 至於前後左右하여도 無不皆然 則身之所處가 上下四旁에 長短廣狹이 彼此如一하여 而無不方矣리니 彼가 同有是心하여 而興起焉者가 又豈有一夫之不獲哉아 所操者約이나 而所及者廣하니 此平天下之要道也라 故로 章內之意 皆自此而推之니라

이것은 위 글의 絜矩 두 글자의 뜻을 반복하여 해석한 것이다. 내가 만일 윗사람이 나에게 무례하게 하는 것을 원하지 않거든, 반드시 이것으로써 아랫사람의 마음을 헤아려서 나 역시 감히 이 무례한 것으로 아랫사람을 부리지 말며, 아랫사람이 나에게 충성치 않음을 원하지 않거든, 반드시 이로써 윗사람의 마음을 헤아려서 나 역시 이 충성치 않음으로 윗사람을 섬기지 말아야 하니, 전후좌우에 이르러서도 모두 그렇게 하지 않음이 없다면 몸이 처한 바의 상하와 사방에 길고 짧음과 넓고 좁음이 여기와 저기가 똑같아서 방정하지 않음이 없을 것이다. 이 마음을 함께 가지고 있어 감동되어 일어나는 저 사람들이 또 어찌 한 지아비라도 살 곳을 얻지 못함이 있겠는가? 잡고 있는 바가 간략한 것이지만 미치는 바가 넓으니, 이는 천하를 화평하게 하는 중요한 방도이다. 그러므로 章 안에 들어 있는 뜻이 모두 이로부터(絜矩之道) 미루어갔다.

詩云 樂只君子여 民之父母라하니 民之所好를 好之하며 民之所惡를 惡之 此之謂民之父母니라

『詩經』에 이르기를, "즐거우신 군자여! 백성의 부모로다!" 하였으니, 백성들이 좋아하는 것을 좋아하며, 백성들이 싫어하는 것을 싫어한다. 이것을 일러 백성들의 부모라고 하는 것이다.

【集註】詩는 小雅南山有臺之篇이라 只는 語助辭라 言能絜矩而以民心으로 爲己心 則是는 愛民를 如子이니 而民愛之를 如父母矣라

詩는 〈小雅 南山有臺篇〉이다. 只는 어조사이다. 능히 絜矩의 도를 실행할 수 있어서 백성의 마음으로써 자기의 마음을 삼는다면, 이는 백성을 사랑하기를 자식과 같이 하는 것이니, 백성도 사랑하기를 부

모와 같이 하게 된다고 말한 것이다.

詩云 節彼南山이여 維石巖巖이로다 赫赫師尹여 民具爾瞻이라하니
有國者 不可以不愼이니 辟則爲天下僇矣니라

『詩經』에 이르기를, "깎아지른 저 南山이여, 바위 돌이 울멍줄멍
장엄하구나! 위세 당당한 太師 윤씨여, 백성들이 모두 당신을 쳐다보
고 있소!" 하였으니, 나라를 소유한 사람은 삼가지 않으면 안 되니,
치우치게 되면 천하에 의해 죽임을 당할 것이다.

【集註】詩는 小雅節南山之篇이라 節은 截然高大貌라 師尹은 周太
師尹氏也라 具는 俱也라 辟은 偏也라 言在上者는 人所瞻仰이니 不可
不謹이라 若不能絜矩而好惡를 徇於一己之篇 則身弑國亡하여 爲天下
之大戮矣라

詩는 〈小雅 節南山篇〉이다. 節은 우뚝해서 높고 큰 모양이다. 師尹
은 周나라 太師인 윤씨이다. 具는 함께이고, 辟은 치우침이다. 윗자리
에 있는 사람은 사람들이 보고 우러러 보기 때문에 삼가지 않을 수
없다. 만일 絜矩의 道를 행하지 못해서 좋아하고 미워함을 자기 한
몸의 사사로움에 따르게 되면, 몸은 죽임을 당하고 나라가 망하게 되
어서, 천하에 의해 크게 죽임을 당하게 됨을 말한 것이다.

詩云 殷之未喪師엔 克配上帝러니 儀監于殷이어다 峻命不易라하니
道得衆 則得國하고 失衆 則失國이니라

『詩經』에 이르기를 "殷나라가 무리를 잃지 않았을 때에는 능히 上
帝에게 짝하더니, 마땅히 은나라에서 볼 것이로다! 큰 명을 보존하기

가 쉽지 않다." 하였으니, 무리를 얻으면 나라를 얻고, 무리를 잃으면 나라를 잃음을 말한 것이다.

【集註】詩는 文王篇이라 師는 衆也라 配는 對也야 配上帝는 言其 爲天下君而對乎上帝也라 監은 視也라 峻은 大也라 不易는 言難保也 라 道는 言也라 引詩而言此하여 以結上文兩節之意라 有天下者 能存 此心而不失 則所以絜矩而與民同欲者 自不能已矣라

詩는 〈文王篇〉이다. 師는 무리이다. 配는 상대함이니 配上帝는 천 하의 임금이 되어 上帝께 상대된다는 말이다. 監은 봄이요, 峻은 큼 이다. 不易는 보존하기 어려움을 말한다. 道는 말함이다. 『詩經』을 인 용하고 이것을 말하여 위 글의 두 節의 뜻을 맺은 것이다. 천하를 소 유한 사람이 능히 이러한 마음을 보존해서 잃지 않으면, 絜矩의 도를 행하여 백성들과 더불어 하고자 함을 함께 하는 것이 자연히 그만둘 수 없을 것이다.

是故로 君子는 先愼乎德이니 有德이면 此有人이요 有人이면 此有 土요 有土면 此有財요 有財면 此有用이니라

이러므로 군자는 먼저 덕을 삼가야 하는 것이니, 덕이 있으면 곧 사람이 있고, 사람이 있으면 이 땅이 있게 되고, 이 땅이 있으면 이 재물이 있게 되고, 재물이 있으면 이 쓰임이 있게 되는 것이다.

【集註】先謹乎德은 承上文不可不謹而言이라 德은 即所謂明德이라 有人은 謂得衆이요 有土는 謂得國이니 有國 則不患無財用矣라

먼저 덕을 삼가한다는 것은 위 글의 不可不謹을 이어서 말한 것이

다. 덕은 곧 이른바 明德이란 것이다. 有人은 무리를 얻음을 이르고, 有土는 나라를 얻음을 말한 것이니 나라가 있으면 재물의 쓰임이 없음을 걱정하지 않아도 될 것이다.

先謹乎德: 宋 孝宗의 名이 愼이어서 諱하여 謹으로 하였음.

德者는 本也요 財者는 末也이니

덕은 근본이요, 재물은 말단이니,

【集註】 本上文而言이라
위 글을 근본으로 하여 말한 것이다.

外本內末이면 爭民施奪이니라

근본을 밖으로 하고 말단을 안으로 하면, 백성들을 다투게 하여 뺏는 가르침을 베푸는 것이다.

【集註】 人君이 以德爲外하고 以財爲內 則是는 爭鬪其民 而施之劫奪之敎也라 蓋財者는 人之所同欲이니 不能絜矩而欲專之 則民亦起而爭奪矣라

임금이 덕으로 밖을 삼고 재물을 안으로 삼는다면, 이것은 그 백성을 싸우게 하여 협박하고 빼앗는 가르침을 베푸는 것이다. 재물은 사람들이 누구나 욕심을 내는 것이니, 絜矩의 도를 행하지 못하여 자기 혼자만 마음대로 하려고 한다면, 백성들이 또한 일어나서 다투고 뺏게 될 것이다.

是故로 財聚則民散하고 財散則民聚니라

그러므로 재물이 모이면 백성이 흩어지고, 재물이 흩어지면 백성들이 모이는 것이다.

【集註】外本內末故로 財聚하고 爭民施奪故로 民散하니 反是 則有德而有人矣라

근본을 밖으로 하고 말단을 안으로 하기 때문에 재물이 모이고, 백성을 다투게 하여 다투게 해서 뺏는 교육을 하기 때문에 백성이 흩어지니, 이와 반대로 하면 덕이 있고 백성이 있게 될 것이다.

是故로 言悖而出者는 亦悖而入하고 貨悖而入者는 亦悖而出이니라

그러므로 말이 어긋나고 거슬려 나간 것은 또한 어긋나고 거슬려서 들어오고, 재물이 어긋나게 들어온 것은 또한 어긋나게 나가는 것이다.

【集註】悖는 逆也이라 此는 以言之出入으로 明貨之出入也라 自先謹乎德以下로 至此는 又因財貨하여 以明能絜矩 與不能者之得失也라

悖는 어그러짐이다. 이것은 말의 나가고 들어옴을 가지고 재물의 나가고 들어옴을 밝힌 것이다. 先謹乎德 구절로부터 여기까지는 또한 財貨를 인하여 능히 絜矩의 도를 행한 사람과 능히 絜矩의 도를 행하지 못한 사람의 얻고 잃음을 말한 것이다.

康誥에 曰 惟命은 不于常이라하니 道善則得之하고 不善則失之矣니라

〈康誥〉에 이르기를, "하늘의 명령은 항상하지 않는다." 하였으니, 착하면 얻고 착하지 못하면 잃음을 말한 것이다.

【集註】道는 言也라 因上文引文王詩之意而申言之하니 其丁寧反覆
之意 益深切矣라

道는 말함이다. 위 글에 〈文王篇〉을 인용한 뜻을 따라서 거듭 말하
였으니, 그 간곡하게 반복한 뜻이 더욱 깊고 간절하다.

楚書에 曰 楚國은 無以爲寶요 惟善을 以爲寶라하니라

〈楚書〉에 이르기를 "楚나라는 보배로 삼는 것이 없고, 오직 착한
이를 보배로 삼는다." 하였다.

【集註】楚書는 楚語라 言不寶金玉이요 而寶善人也라

楚書는 〈楚語〉이다. 금과 옥을 보배로 여기지 않고, 착한 사람을
보배로 여김을 말한 것이다.

舅犯曰 亡人은 無以爲寶요 仁親을 以爲寶라하니라

舅犯이 말하기를 "도망한 사람은 보배로 여길 것이 없고, 어버이를
사랑함을 보배로 여긴다." 하였다.

【集註】舅犯는 晉文公舅孤偃이니 字는 子犯이라 亡人은 文公이
時에 爲公子하여 出亡在外也라 仁은 愛也라 事見檀弓이라 此兩節은
又明不外本而內末之意라

舅犯은 晉나라 文公의 외삼촌인 孤偃이니, 字가 子犯이다. 亡人은
文公이 당시 公子가 되어서 나가 망명하여 밖에 있었기 때문이다. 仁
은 사랑함이니, 이 사실은 〈檀弓篇〉에 보인다. 이 두 절은 또 근본을

밖으로 하고 끝을 안으로 하지 않는 뜻을 밝힌 것이다.

秦誓에 曰 若有一介臣이 斷斷兮요 無他技나 其心이 休休焉하여 其如有容焉이라 人之有技를 若己有之며 人之彦聖을 其心好之 不啻 若自其口出이면 寔能容之라 以能保我子孫黎民이니 尙亦有利哉인져 人之有技를 媢疾以惡之하며 人之彦聖을 而違之하여 俾不通이면 寔 不能容이라 以不能保我子孫黎民이니 亦曰殆哉인져

〈秦誓〉에 이르기를 "만일 어떤 한 신하가 한결같이 정성스럽기만 하고 다른 재주는 없으나, 그 마음이 곱고 고와 용납함이 있는 듯하여, 남이 가지고 있는 재주를 자기가 소유한 것처럼 여기며, 남의 훌륭하고 성스러움을 그 마음에 좋아함이 자기가 칭찬한 것보다 더 좋아한다면, 이는 능히 남을 포용하는 것이다. 능히 나의 자손과 백성을 보전할 수 있으니, 아마도 또한 이로움이 있을 것이다. 남이 가지고 있는 재주를 시기하고 미워하며, 남의 훌륭하고 성스러움을 거슬리고 어겨서 통하지 못하도록 하면, 이것은 포용하지 못하는 것이다. 나의 자손과 백성을 보전하지 못할 것이니, 또한 위태하다고 할 것이로다!"

黎民: 백성

【集註】秦誓는 周書라 斷斷은 誠一之貌라 彦은 美士也라 聖은 通明也라 尙은 庶幾也라 媢는 忌也라 違는 拂戾也라 殆는 危也라

〈秦誓〉는 周書이다. 斷斷은 정성스럽고 한결같은 모양이다. 彦은 아름다운 선비요, 聖은 밝게 통달함이다 尙은 거의이다. 媢는 시기하고 꺼리는 것이다. 違는 어김이다. 殆는 위태로움이다.

唯仁人이야 放流之하여 迸諸四夷하여 不與同中國하나니 此謂唯仁人이야 爲能愛人하며 能惡人이니라

오직 어진 사람이라야 이들을 추방하여 유배시켜서 사방 오랑캐의 땅으로 내쫓아, 중국에서 함께 살지 못하게 하니, 이를 일러 "오직 어진 사람이어야 능히 남을 사랑하며, 능히 남을 미워한다."고 하는 것이다.

【集註】迸은 猶逐也라 言 有此娼疾之人이 妨賢而病國 則仁人이 必深惡而痛絶之하나니 以其至公無私 故로 能得好惡之正이 如此也라

迸은 쫓는다는 것과 같다. 이와 같이 시기하고 질투하는 사람이 있어서 어진 이를 방해하고 나라를 병들게 하면, 어진 사람이 반드시 깊이 미워하고 통렬히 끊음을 말한 것이다. 그 어진 사람이 지극히 공변되고 사사로움이 없기 때문에 능히 좋아하고 미워함의 올바름을 얻음이 이와 같은 것이다.

見賢而不能擧하며 擧而不能先이 命也요 見不善而不能退하며 退而不能遠이 過也니라

어진 사람을 보고도 능히 들어 쓰지 못하며, 들어 쓰되 먼저 하지 못함이 태만함이요, 착하지 못한 사람을 보고도 능히 물리치지 못하며, 물리치되 멀리하지 못함이 허물이다.

【集註】命은 鄭氏云 當作慢이라하고 程子云 當作怠라하니 未詳孰是라 若此者는 知所愛惡矣 而未能盡愛惡之道니 蓋君子而未仁者也라

命은 鄭氏(鄭玄)는 "마땅히 慢이 되어야 한다." 하고, 정자는 "마땅히 怠가 되어야 한다." 하였으니, 누가 옳은지는 상세하지 아니하다. 이와 같은 사람은 사랑해야 할 것과 미워해야 할 것을 알되, 사

랑하고 미워하는 방도를 다하지 못하는 것이니, 군자이지만 아직 어질지 못한 사람이다.

好人之所惡하며 惡人之所好 是謂拂人之性이라 菑必逮夫身이니라

사람들이 미워하는 것을 좋아하며, 사람들이 좋아하는 것을 미워하는 것, 이를 일러 사람의 성품을 어긴다고 하는 것이다. 이러한 사람은 재앙이 반드시 그 몸에 미친다.

【集註】拂은 逆也라 好善而惡惡은 人之性也라 至於拂人之性 則不仁之甚者也라 自秦誓로 至此는 又皆以申言好惡公私之極하여 以明上文所引南山有臺 節南山之意라

拂은 거스름이다. 착한 것을 좋아하고 악한 것을 미워함은 사람의 성품이니, 사람의 성품을 어김에 이르면 어질지 않음이 심한 자이다. 〈秦誓節〉로부터 여기까지는 또 모두 좋아하고 미워함과 공변되고 사사로움의 극치를 거듭 말하여, 위 글에 인용한 〈南山有臺〉와 〈節南山〉의 뜻을 밝힌 것이다.

是故로 君子 有大道하니 必忠信以得之하고 驕泰以失之니라

그러므로 君子는 큰 道가 있으니, 반드시 충성되고 신실함으로써 얻고, 교만하고 방자함으로써 잃는다.

【集註】君子는 以位言之라 道는 謂居其位而修己治人之術이라 發己自盡이 爲忠이요 循物無違 謂信이라 驕者는 矜高요 泰者는 侈肆라 此는 因上所引文王康誥之意而言이라 章內에 三言得失而語益加切하니 蓋至此而天理存亡之幾決矣라

군자는 지위로써 말한 것이다. 道는 그 지위에 있으면서 자기 몸을 닦고 사람들을 다스리는 방법을 이른다. 내 자신을 발현시켜 자기의 최선을 다하는 것을 忠이라 하고, 남을 따라 어김이 없음을 信이라 이른다. 驕는 자랑하고 높은 체함이요, 泰는 사치하고 방자함이다. 이는 위에 인용한 〈文王詩〉와 〈康誥〉의 뜻을 따라서 말씀한 것이다. 이 章 안에 얻고 잃음을 세 번 말하였는데 말이 더욱 간절하니, 아마도 여기에 이르러 하늘의 이치가 보존되거나 없어지는 기틀이 결정지어질 것이다.

生財有大道하니　生之者衆하고　食之者寡하며　爲之者疾하고　用之者舒하면　則財恒足矣리라

재물을 생산함에 큰 道가 있으니, 생산하는 자가 많고 먹는 사람이 적으며, 생산하기를 빨리하고 쓰기를 느리게 하면, 재물이 항상 풍족할 것이다.

【集註】呂氏曰　國無遊民　則生者衆矣요　朝無幸位　則食者寡矣며　不奪農時　則爲之疾矣요　量入爲出　則用之舒矣라　愚는　按　此는因有土有財而言하여　以明足國之道在乎務本　而節用이요　非必外本內末而後에　財可聚也라　自此로　以至終篇은　皆一意也라

呂氏(呂大臨)가 말하기를 "나라에 노는 백성이 없으면 생산하는 사람이 많은 것이요, 조정에 자리만을 채우는 신하가 없으면 먹는 사람이 적을 것이요, 농사지을 시기를 빼앗지 않으면 생산하는 것이 빨라지고, 수입을 헤아려 지출을 하면 쓰기를 느리게 할 것이다." 하였다. 내가 상고해 보건대, 이는 有士와 有財를 따라서 말해서, 나라를

풍족히 하는 방도가 本業(農業)을 힘쓰고 쓰기를 절약함에 있는 것이요, 반드시 근본을 밖으로 하고 말단을 안으로 한 뒤에 재물이 모이는 것이 아님을 밝힌 것이다. 이로부터 이 篇을 마치기까지는 모두 한 뜻이다.

仁者는 以財發身하고 不仁者는 以身發財니라

어진 사람은 재물로써 몸을 일으키고, 어질지 못한 사람은 몸으로써 재물을 일으킨다.

【集註】發은 猶起也라 仁者는 散財以得民하고 不仁者는 亡身以殖貨라

發은 일으킨다는 것과 같다. 어진 사람은 재물을 흩어서 백성을 얻고, 어질지 못한 사람은 몸을 망쳐서 재물을 증식한다.

未有上好仁而下不好義者也이니 未有好義요 其事不終者也며 未有府庫財非其財者也니라

윗사람이 어짊을 좋아하고서 아랫사람들이 義를 좋아하지 않는 자는 있지 않으니, 아랫사람들이 義를 좋아하고서 그 (윗사람) 일이 끝마쳐지지 못하는 경우가 없으며, 창고의 재물이 그 윗사람의 재물이 아닌 경우가 없다.

【集註】上好仁하여 以愛其下 則下好義하여 以忠其上이니 所以事必有終而府庫之財無悖出之患也라

윗사람이 어짊을 좋아하여 그 아랫사람을 사랑하면, 아랫사람들이

義를 좋아하여 그 윗사람에게 충성하니, 이 때문에 일이 반드시 마침이 있고, 창고의 재물이 어그러지게 나가는 근심이 없는 것이다.

　孟獻子曰 畜馬乘은 不察於雞豚하고 伐冰之家는 不畜牛羊하고 百乘之家는 不畜聚斂之臣하나니 與其有聚斂之臣으론 寧有盜臣이라하니 此謂國은 不以利爲利요 以義爲利也니라

　孟獻子가 말하기를 "馬乘을 기르는 사람은 닭과 돼지를 기름에 살피지 않고, 얼음을 쓰는 집안은 소와 양을 기르지 않고, 대부의 집안은 취렴하는 신하를 기르지 않으니, 취렴하는 신하를 기를진댄 차라리 도둑질하는 신하를 두라." 하였으니, 이것을 일러 "나라는 이익을 이익으로 여기지 않고, 義를 이익으로 여긴다."는 것이다.

　【集註】孟獻子는 魯之賢大夫仲孫蔑也라 畜馬乘은 士初試에 爲大夫者也라 伐氷之家는 卿大夫以上이 喪祭에 用氷者也라 百乘之家는 有采地者也라 君子寧亡己之財언정 而不忍傷民之力하니 故로 寧有盜臣이언정 而不畜聚斂之臣이라 此謂以下는 釋獻子之言也라

　孟獻子는 魯나라 어진 대부인 仲孫蔑이다. 馬乘을 기른다는 것은 士가 처음 등용되어 大夫가 된 사람이다. 伐氷之家는 경대부 이상으로 初喪과 제사에 얼음을 쓰는 사람이다. 百乘之家는 采地를 가지고 있는 사람이다. 군자는 차라리 자기의 재물을 잃을지언정 차마 백성의 힘을 상하게 하지 못한다. 그러므로 차라리 도둑질을 하는 신하를 둘지언정 취렴하는 신하를 기르지 않는 것이다. 此謂 이하는 獻子의 말을 해석한 것이다.

　長國家而務財用者는 必自小人矣니 彼爲善之 小人之使爲國家이면

菑害幷至라 雖有善者나 亦無如之何矣니 此謂國은 不以利爲利요 以
義爲利也니라

국가에 어른이 되어 재물의 쓰임을 힘쓰는 자는 반드시 소인으로
부터 시작되니, 저 소인으로 하여금 국가를 다스리게 한다면 재앙과
해로움이 함께 이른다. 비록 잘하는 자가 있더라도 또한 어쩔 수가
없는 것이니, 이것을 일러 "나라는 이익을 이익으로 여기지 않고, 義
를 이로움으로 여긴다."는 것이다.

【集註】彼爲善之此句上下에 疑有闕文誤字라 ○ 自는 由也니 言由
小人導之也라 此一節은 深明以利爲利之害 而重言以結之하니 其丁寧
之意切矣라

彼爲善之 이 句의 위아래에 의심컨대 빠진 글이 있거나 잘못된 글
자가 있는 듯하다. 自는 말미암음이니, 소인이 인도함으로 말미암음
을 말한 것이다. 이 한 節은 이익을 이익으로 삼는 害를 깊이 밝히고,
거듭 말씀하여 맺었으니, 그 간곡하게 훈계하시는 뜻이 간절하다.
彼爲善之小人之使爲國家: 朱子는 闕文이나 誤字가 있는 것으로 보
았으나, '저(小人)를 잘 한다 하여, 小人으로 하여금 국가를 다스리게
하면'으로 해석하기도 한다.

右는 傳之九章이니 釋治國平天下하다

右는 傳文의 9章이니, 治國・平天下를 해석하였다.

此章之義 務在與民同好惡而不專其利하니 皆推廣絜矩之意也라 能如
是 則親賢樂利 各得其所 而天下平矣리라

이 章의 뜻은 힘씀이 백성들과 더불어 좋아하고 싫어함을 함께 하고, 그 이익을 독차지하지 않음에 있으니, 모두 絜矩의 뜻을 미루어 넓힌 것이다. 능히 이와 같이 하면 친히 하심을 친히 하고, 어지심을 숭배하고, 즐겁게 하심을 즐기고, 이롭게 하심을 이롭게 여김이 각각 그 마땅한 곳을 얻어서 천하가 화평하게 될 것이다.

親賢樂利: 위 傳文 3章의 '君子는 賢其賢而親其親하고 小人은 樂其樂而利其利하나니(군자는 前王이 어질게 여긴 사람을 어질게 여기고 前王이 친하게 하심을 친하게 여기고 그 즐겁게 여긴 것을 즐거워하고, 그 이롭게 여긴 것을 이롭게 여기니)'를 줄여서 쓴 것이다.

【補遺】○謹按此章은 言爲治之道는 本於仁(孝悌慈爲行仁之本) 而施仁之要하고 又在於絜矩라 蓋必公好惡順民心하여 而無偏私之蔽然後에 任賢去邪하여 德施斯普而天下平矣리라

삼가 살펴보건대 이 장은 다스리는 도는 어짊에 근본하며(효도와 공경과 자애로움은 인을 행하는 근본이 된다) 인을 베푸는 요체는 또 혈구의 도를 행함에 있음을 말한 것이다. 대개 좋고 나쁨을 공변되게 하고 민심을 순응하며 치우치거나 사사로운 폐단이 없는 연후에 어진 이에게 맡겨서 사악함을 제거하여 덕이 여러 대중에게 베풀어져 천하가 태평해지리라.

凡傳十章에 前四章은 統論綱領指趣하고 後六章은 細論條目工夫하니 其第五章은 乃明善之要요 第六章은 乃誠身之本이니 在初學에 尤爲當務之急이니 讀者不可以其近而忽之也니라

무릇 傳文 10장에 앞의 네 章은 綱領의 뜻을 총괄하여 논하였고 뒤의 여섯 章은 조목의 공부를 세세히 논하였다. 제5장은 바로 착한

것을 밝히는 요령이요, 제6장은 바로 몸을 성실히 하는 근본이니, 처음 배우는 사람에게 있어서 더욱 마땅히 힘써야 할 급선무가 되니, 읽는 사람들은 이것을 비근하다고 하여 소홀히 해서는 안 될 것이다.

【補遺】按朱子 以聽訟一節로 別爲一章이라 故로 曰凡傳十章이어늘 今當改爲九章하고 四章도 亦當改爲三章하니라

살펴보건대 주자는 聽訟 한 절을 별도의 한 장으로 삼았으므로 모든 傳文이 10장이라고 말하였는데 지금 마땅히 고쳐서 9장으로 하고 4장 역시 고쳐서 3장이라 함이 마땅하다.

✿ 大學章句補遺跋文

孔氏遺書는 莫詳大學이요 亦莫錯大學하니 肇二程子 釐正未盡하고
及朱子則完如也라 乃董文靖公이 特拈知止物有聽訟三節하여 爲格致傳
이라 如王黃宋方蔡公이 諸見皆同이로되 惟虛齋 以中節居首하니 至吾
先生說하여 與之暗合若符節이라

공자께서 남기신 책은 大學보다 상세한 것이 없고 또한 大學보다
착오된 것도 없으니, 처음으로 二程子가 이것을 개정했지만 다하지는
못하였고, 朱子에 이르러서 완전한 듯하였다. 이에 董文靖公이 특히
知止・物有・聽訟의 세 절을 끌어내어 格物 致知의 傳으로 삼았다.
王栢・黃震・宋濂・方孝孺・蔡淸 같은 이들의 견해도 모두 같았는데,
虛齋만이 중간 절을 머릿장에 놓았으니, 우선 이 선생의 說과 부절처
럼 합치하였다.

　釐正: 改正과 같은 말임. (唐書) 詔於秘書省考定 多所釐正
　董文靖: 宋나라 董槐. 字는 庭植이요 文靖은 그 諡號이다. 嘉定(寧
　　　　宗의 年號)進士로서 寶佑(理宗의 年號)年間에 벼슬이 右
　　　　丞相兼樞密使에 이르렀다.
　王黃宋方蔡: 王栢(號는 魯齋 宋나라 사람) 黃震(號는 慈谿 宋나라
　　　　사람) 宋濂(諡號는 文憲 明나라 사람) 方孝孺(號는 正學
　　　　明나라 사람) 蔡淸(號는 虛齋 明나라 사람)을 가리키는

것이니 以上 5人이 모두 大學에 대하여 改正한 論說이 있음.

但斷以其末節하여 上係經文하여 爲結語하고 曰從程子者 爲獨異라 試就補傳而讀之하면 以表裏精粗로 釋本末終始하고 全體大用으로 釋知止能得하니 不見其有不合非邪아 或疑慮得屬行하니 吁豈有窮理不以思不要得者리오 判而二之 非道也라 本文釋經에 取其大略者 如此라 至如無訟與爲本하여는 正相合이로되 不知朱子何故不作八條修身之本하여 以成說約之結하고 乃作兩物相對之本하여 以起無例之釋이요 又不知董蔡諸公이 亦何以聯於二節之左하니 固皆有意義而莫之曉也라

그렇지만 그 끝 절을 끊어서 위로 經文에 붙여서 맺은말로 삼고 '정자를 따른다.'고 한 것이 다를 뿐이다. 補傳을 가지고 읽어 보면 表裏와 精粗로써 本末과 終始를 해석하고 전체와 大用으로써 知止와 能得을 해석하였으니, 그것이 부합하지 않음을 보지 못한 것이 아닌가? 혹자가 慮와 得이 行에 속한다고 의심하는데 어찌 窮理만 하고 思(慮)로써 得을 바라지 않으리오. 판연히 둘로 가름은 道가 아니다. 본문에서 經을 해석함에 그 대략을 취한 것이 이와 같다. 「無訟」節과 「以修身爲本」句에 이르러서는 정히 서로 합치된다. 그런데 朱子가 무슨 이유로 팔조목 중 修身을 근본으로 삼아 맺은말로 보지 않고, 두 가지의 상대적인 근본으로 만들어 전례 없는 훈석을 하였는지 모르겠다. 또 董槐과 蔡淸 등이 또한 어떻게 두 절(無訟, 爲本)의 다음에 연결시켰는지 모르니, 진실로 다 의의가 있겠지만 알 수가 없다.

竊念 先生은 挺生東荒하여 夙契道妙하며 譴居西徼에 專精玩索하여 截有餘補不足하여 以全經傳本義하고 據中庸證虞芮하여 以充程子定義하니 夫豈苟爲而已리오 若夫以慮爲思하고 以至善爲中하고 因論治而

歸之仁은 蓋又前賢所未發者니 其旨矣乎인저 嗚呼라 發明經籍은 非一
家事니 遷就少差라도 何損於道리오 顧衆信旣久에 指一得爲妄하니 亦
只是辟이니 豈公論哉리오

　가만히 생각하건대, 선생께서는 동국에서 태어나시어 일찍이 도의
오묘함을 깨달았으며, 江界에 유배됨에 정신을 오로지 한 가지 일에
만 전념하고 깊이 연구하시어 부족한 곳을 보충하여 經傳의 본래 뜻
을 온전하게 하였고, 中庸에 의거하여 虞芮를 증거하고 정자의 정해
놓은 뜻을 보충하였으니, 어찌 구차히 하였겠는가? 慮로써 思라 하고
至善으로 中이라 하고, 정치를 논함에 仁에 귀납시킨 것은 또한 前賢
이 발명하지 못한 바이니, 그 요지인 것이다. 아! 經籍의 뜻을 드러
냄은 한 사람이 할 수 있는 일이 아니니, 양보하여 거의 비슷하다고
하더라도 어찌 道에 害가 되겠는가? 생각건대 많은 사람들이 믿어
오래됨에 하나를 깨달은 것을 망령되이 하니 또한 이것이 편벽된 것
인데 어찌 공론이라 하겠는가?

　虞芮: 周나라 때의 虞, 芮의 사람이 土地 爭訟事件을 周나라에 解
決하러 갔다가 周나라 사람이 土地를 서로 讓步하는 것을 보고 부끄
러워하여 돌아왔다는 故事가 있음. (史記周紀) 虞芮之人 有獄不能決
乃如周 入界 耕者皆讓畔 民俗皆讓長 皆慚相謂曰 吾所爭 周人所恥 向
往 爲祇取辱耳 遂還 俱讓而去

　遷就: 이것을 버리고 저것을 取하여 委曲히 合하기를 求한다는 뜻.
(唐書) 旁引曲取 而遷就其說

　守愼이 自受讀章句로 奉之如神明이나 獨未解綱條外傳에 有何義하
고 又焉知格致元傳이 有不亡이리오 乃歎曰 後之儒者는 其無以後生爲
不幸矣夫인저 先生之孫浚이 嘗見囑曰 先祖此書를 不爲人知하여 冤痛

在心이라 惟先生一言이 悟天下後世라 後與其弟淳으로 作辨寄示勉督
之 爾來且十年矣라 今復叩廬하여 不得見어늘 滯僑固請曰 前事也라
繼聞淳亡하고 爲之驚呼하여 且曰敢不敬諾이리오 子姑去라

　　내가 大學章句를 받아 읽으면서 귀하게 받들어 보았는데 다만 강
령과 조목 이외의 전문(朱子章句 제4장)에 무슨 뜻이 있는지 몰랐고
또 格物 致知의 元傳이 없어지지 않았음을 알았겠는가? 이에 감탄하
여 말하기를, "후세의 儒者는 후생으로써 불행하다고 하지 못할 것이
다" 하였다. 선생의 손자 浚이 일찍이 나에게 발문을 부탁하며 말하
기를, "선조의 이 글은 남에게 알려지지 않아서 마음에 원통합니다.
오직 선생의 한 말씀이 천하의 후세를 깨우칠 것입니다" 하였다. 뒤
에 그 아우 淳과 더불어 辨을 지어 나에게 보내 독촉한 지도 십 년
이나 되었다. 이제 다시 우리 집을 방문하여 만나지 못하자 머무르며
굳이 청하기를, "전에 부탁한 일입니다." 하였다. 이어서 淳이 죽었다
는 말을 듣고 놀라 이에 말하기를 "감히 삼가 승낙하지 않겠는가. 그
대는 우선 돌아가 있게나." 하였다.

　　守愼: 盧守愼(1515~1590)을 가리킴. 字는 寡悔, 號는 蘇齊요 光州
人이며 活人署別提 鴻의 子이다. 나이 20에 博士에 選拔되였는데 慕
齊 金安國이 그 글을 보고 奇異히 여겼으며, 27세에 晦齋 李彦迪에게
存心의 要를 물었다.

萬曆甲申二月旣望에 芝嶺後學 盧守愼은 謹跋하노라

萬曆甲申年 2月 16일에 영남의 後學 盧守愼은 삼가 跋文을 쓰다.
　　芝嶺: 영남을 가리킴

　　於乎라 大學補遺는 卽晦齋先生의 澤畔所著也라 先生旣歿에 其書乃

出하니 始則退陶先生 佔畢於行狀中曰 可以見 先生之學 精詣獨得之妙
라하고 蘇齋盧先生이 亦曰 自受讀補遺章句로 奉之如神明이라하고 且
擧宋明儒賢之見이 與先生不謀同者하여 備訂之라

아! 大學補遺는 바로 晦齋先生께서 유배지에서 지으신 것이다. 선
생께서 돌아가신 뒤에 그 글이 세상에 드러났으니 처음에는 退溪先
生이 佔畢齋가 지은 行狀을 읽는 가운데 "선생의 학문이 정밀한 조
예와 홀로 터득한 오묘함을 볼 수 있다" 하였고, 蘇齋 盧守愼도 또한
말하기를 "大學補遺章句를 받아 읽으면서 神明처럼 받들었다." 하고,
또 송·명나라 儒賢의 견해를 들어 선생과 꾀하지 않고도 동일한 것
을 들어서 논하였다.

澤畔: 謫居할 때를 이른 말이니, 즉 屈原이 放逐되었을 때 行吟澤
畔하였던 故事로 引用한 것임. (史記屈原傳) 屈原至於江濱 被髮行吟
澤畔 顏色憔悴 形容枯槁

退陶先生: 李滉(1501~1570)을 이름. 字는 景浩, 號는 退溪(退陶)
이며 眞寶人이다.

佔畢: 佔은 보는 것이고 畢은 簡牘이란 뜻이니 佔畢은 文字를 읽
는다는 뜻임. (禮記)今之敎者 呻其佔畢

至今百有餘年에 經生學士 疇不欲操縵而安絃哉리오마는 顧褊心者는
不能無惑於發朱夫子未發之旨하니 故로 或彷徨乎岐路하여 不能趣于一
者有之하며 或筱籬眯眼하고 悄怳玄珠者 有之하고 或全沒見識하여 唱
咦爲事者 有之하니 噫世道交喪에 爲士者 類不能愼思明辨如是哉인져

지금까지 백여 년 동안에 유생들이 정도를 배워 바르게 행하려고
하지 않으리오마는, 마음이 편협한 자는 주자가 발명하지 못한 뜻을
발명한 것에 있어 의심이 없을 수 없으므로 기로에서 방황하며 어느

길로도 나아가지 못하는 자가 있고, 주변의 일에 현혹되어 道의 본체에 실망하는 자가 있고, 견해와 식견이 전연 없이 부추기기를 일삼는 자도 있다. 아! 세상의 도가 상실됨에 선비(士)된 자가 대부분 능히 愼思・明辨하지 못함이 이와 같구나.

操縵: 絃(줄)을 희롱한다는 말. (禮記)不學操縵 安能安弦
褊心: 마음이 褊急하다는 말. (詩經)維是褊心 是以爲刺
篋蘺: 주변의 일에 현혹됨.
怊悅: 실망하여 맥이 풀린 모양

善乎라 方正學之言曰 經傳이 非一家之書니 則其說이 非一人之所能盡也로라 語雖異於朱子라도 然異於朱子而不乖乎道는 固朱子之所取也니 此大中至公之論也라 曾謂以是爲遜志異於朱子歟아 晦齋黨於遜志歟아

참 좋구나! 방정학(方正學)의 말에, "경전이 한 학설의 글이 아니니 그 해설도 한 사람이 다할 수 없는 것이다. 말이 비록 주자와 다를지라도 道에 어긋나지 않으면 진실로 주자가 취하는 바이다." 하였으니 이 말은 매우 합당하고 지극히 공변된 이론이다. 어찌 이 말로써 遜志(方正學)가 주자를 달리 여겼으며, 晦齋가 遜志에게 편당했다고 하겠는가?

方正學: 方孝孺를 가리킴. 字는 希直이요 明나라 사람이다. 宋濂에게 從學하였으며, 常時 王道를 밝히고 太平을 이루는 것으로써 自己 任務로 삼았다.

歲之相後 幾乎半千이요 地之相去 幾乎萬里어늘 所見之同이 若合左契然하니 先生은 可謂豪傑之士者非耶아 吾東이 自被殷父師八條敎來로 歷麗至鮮에 不無輩出之彬彬이나 而著書立言之任은 惟先生이 與退

陶先生으로 先後之하니 嗚乎盛哉라 列聖之以寧也로다

　시대의 차이가 거의 요 백 년이요 지역의 거리가 만 리이지만 견해가 동일함이 좌우의 부절을 합한 것과 같으니, 선생을 호걸의 선비라 하는 것이 그르단 말인가? 우리나라가 은나라의 父師인 箕子의 八條敎化를 입은 이래로 고려를 지나 조선에 이르기까지 배출된 훌륭한 학자가 없지 않으나 저서와 立言의 일은 오직 선생이 退溪先生과 앞뒤로 같이 하였으니 아! 성대하다. 역대의 군주께서 힘입어 편안할 것이다.

　左契: 左券과 같은 말. 즉 左右로 二分한 契約으로써 각기 그 하나를 가지고 證據로 한다는 말임. (老子)是以聖人執左契而不責於人

　殷父師: 殷나라 箕子를 가리킴. 箕子가 殷나라 太師(父師)로 있었던 까닭이다. (書經微子)微子若曰 父師少師 (註)父師 太師三公箕子也 少師 孤卿比干也

　彬彬: 文(文采)과 質(質樸)이 具備하였다는 말. (論語)文質彬彬 然後君子

旃蒙大荒落荗賓天中日에 後學漢陽趙絅은 八十歲에 敬跋하노라

　旃蒙大荒落(乙巳年) 荗賓(五月) 端午日에 後學 漢陽 趙絅은 80세에 삼가 跋文을 쓰다.

　旃蒙大荒落: 旃蒙은 乙에 해당되고, 大荒落은 巳에 해당됨.

　荗賓: 음력 5月을 가리킴

　天中節: 端午日을 이름.

　趙絅(1568~1669): 字는 日章, 號는 龍洲, 諡號는 文簡이요, 漢陽人이며 右議政 涓의 後孫이다.

續大學或問

或問 大學一篇은 程子 始尊信而表章之하시고 又爲之次其簡編하사
發其歸趣러시니 及朱子著章句하여 雖本程子之意나 而至於更定錯簡하
여는 則有異於程子之見하니 何也오 曰天下之理 無窮하니 雖聖人이사
도 有不能盡者하니 故로 有前聖之所未發而後聖發之者하고 有前賢之
所未言而後賢言之者라 程朱之學은 固無淺深高下之可言이로되 而所見
이 不能無詳略異同이라 程子 於大學에 表章發揮而有未竟하시고 朱子
更加參考而別爲序次하여 以盡其義하니 皆所以明道而立敎也라 二子之
見이 雖間有不同이나 而不害其爲一揆也라

혹자가 묻기를, "大學 한 편은 정자께서 처음으로 높이어 드러내시
고, 또 그 엮은 순서를 바로 고쳐 그 뜻을 드러냈는데, 주자가 章句
를 저술하게 되어서는 비록 정자의 뜻에 근본을 두었으나 착오된 엮
은 것을 고쳐서 정함에 정자의 견해에 다른 점이 있으니, 무엇 때문
인가" 하거늘, 대답하기를, "천하의 이치가 무궁하니, 비록 성인이라
도 다 말하지 못한 점이 있을 것이다. 그러므로 앞 세대의 성인이 발
명하지 못한 점을 후세의 성인이 발명한 것이 있고, 앞 세대의 현인
이 말하지 못한 점을 후세의 현인이 말한 것이 있다. 정자와 주자의
학문은 진실로 얕고 깊고, 높고 낮음을 말할 수 없지만, 소견이 자세
하고 간략하거나 다르고 같은 점이 없을 수 없는 것이다. 정자가 대
학을 드러내 밝혔지만 완결하지 못하셨고, 주자가 고칠 때 참고하여
정자와 다르게 차례하여 글의 뜻을 다 밝히셨으니, 모두 道를 밝히고
가르침을 세운 것이다. 두 분의 견해가 간혹 같지 않는 점이 있으나
그 같은 道가 되는 데 방해되지 않는다."고 하였다.

歸趣: 歸着되는 趣志. (杜預春秋傳序) 其經無義例　因行事而言　則傳直言其歸趣而已

一揆: 一轍과 같은 뜻으로서 한결 같은 法則이란 말. (孔安國, 文) 雅誥奧義　其歸一揆

或問　聽訟一節은 鄭本에　誤在於信下러니　程子　進而置之經文之下하고　朱子는　又置之傳三章之後하여　別爲一章하여　以爲釋本末之義어늘 子乃以朱子之說로　爲未盡而欲復程子之舊은　何也오

曰古人述作에　必取古昔聖賢之言하여以結之하니　如孔門弟子　述論語 二十篇에　終之以堯舜之言하여　以明聖學之淵源有自來也하고　子思作中 庸에　或於章首　或於章末에　多引夫子之言하여　以證之하시고　至於卒章 에　又引詩及夫子之言하여　以終之하시니　所以明一篇之旨가　皆本於夫 子之所傳也라　孟子七篇之中에　亦多此例하고　曾子　述大學에　經文章末 에　引孔子之言하여　以結之者는　亦此意也요　且深味傳文하면　未有文理 不屬而脈絡不貫者어늘　獨此一節을　置於傳三章之後면　與上下文義로 都不相屬이요　又見大學之書에　首言明明德新民止至善하여　以爲一篇之 綱領하고　次言八條目하여　以明三綱領之義하고　又爲傳義하여　以發揮 三綱領八條目之意하니　不應其間別爲一章하여　以釋經文結語本末之義 也라　今依程子所定而置於經文之下하니　則此一節이　爲一章之結語라 文義要切而意味深長하니　所謂使無訟者는　蓋言治國平天下之道가　不在 於聽理之明이요　而在於端本淸源而感人心也라　易曰　聖人이　感人心而 天下和平이어늘　使無訟者는　乃所以感人心之效也라　如虞芮之君이　感 於文王之德하여　以所爭田으로　爲閑田而退하니　明德新民之效　至於此 極이니　所謂篤恭而天下平也라　中庸에　言奏假無言하여　時靡有爭이라 故로　君子　不賞而民勸하고　不怒而民威於鈇鉞이라하고　又曰　予懷明德

의 不大聲以色이라 하여늘 子曰 聲色之於以化民에 末也라하시니 其言이 與使無訟大畏民志之意로 如合符節하니 此蓋古昔聖人의 治國平天下之要道也라 故로 經文八條目之下에 旣言本末之所在하고 而引孔子之言하여 以結之하니 其旨深矣라 程子 於此에 豈無所見乎리오

혹자가 묻기를, "聽訟 한 절이 鄭玄의 禮記 大學편에는 착오로 「止於信」 아래에 있었는데 정자가 이것을 올려 경문 아래에 두었고, 주자가 또 이것을 傳文 3장의 뒤에 두어 별도로 한 장을 만들어 本末의 뜻을 해석한 것이다. 그대가 주자의 설을 부족하다고 여겨 정자의 옛 학설을 회복하고자 함은 무슨 까닭인가?" 하거늘, 대답하여 말하기를, "고인이 글을 지을 적에 반드시 옛날 성현의 말씀을 취하여 結語로 삼았으니, 예컨대 공자의 제자가 論語 20장을 기술할 적에 堯舜의 말로써 맺은말로 만들어 성인의 학문의 연원이 유래가 있음을 밝히고, 子思가 中庸을 지을 적에 매 장의 첫머리나 끝에 공자의 말씀을 인용하여 증거를 하였고, 끝장(33장)에서는 또 詩經과 공자의 말씀을 인용하여 마무리하였으니 中庸 한 편의 뜻이 모두 공자께서 전수하신 것에 근본함을 밝힌 것이다. 孟子 7篇 中에도 또한 이러한 예가 많다. 증자가 大學을 기술할 적에 經文의 章末에서 공자의 말을 인용하여 맺은말로 삼은 것도 이런 뜻이요, 또 전문을 깊이 음미하여 보면 문리가 이어지지 않고 맥락이 관통되지 않는 것은 없다. 그런데 유독 이 한 절을 傳文 3장의 뒤에 놓으면 위아래의 글의 뜻과 전혀 서로 이어지지 않는 것이다. 또 大學의 글에서 처음에 「明明德」, 「新民」, 「止至善」을 말하여 한 편의 강령으로 삼고, 다음에 팔조목을 말하여 삼강령의 뜻을 밝히고, 또 傳의 뜻을 만들어 삼강령 팔조목의 뜻을 발명하였으니, 그 중간에 별도로 한 장을 만들어 經文의 맺은말

인 本末의 뜻을 해석하였다 함은 합당하지 못하다. 이제 정자가 편을 정한 것에 의거하여 經文의 아래에 놓으니, 이 한 절이 經文 한 장의 맺은말이 되어서 글의 뜻이 긴요하고 절실하여 의미가 심장하게 된다. 이른바 「使無訟」이란 것은 治國·平天下의 道가 송사를 밝게 다스림에 있지 않고 근본을 바르게 하고 본원을 맑게 하여 인심을 감동시키는 데 있음을 말한 것이다. 易經에 '성인이 인심을 감동시켜 천하가 화평해진다.' 하였으니, 「使無訟」이란 것은 인심을 감동시킨 효험인 것이다. 虞와 芮의 군주가 문왕의 덕에 감화하여 서로 다투던 밭을 空閑地로 만들고 물러갔으니, 明德 新民의 功效가 이러한 극치에 이른 것이요, 中庸에 이른바 '공경을 돈독히 함에 天下가 태평하다'는 것이다. 中庸에 '나아가 神明이 강림하심에 말이 없어서 이에 다툼이 없으므로 군자가 상주지 아니하여도 백성이 권장하고 노하지 아니하여도 백성이 부월보다 두려워한다.'고 하였고, 또 '나(문왕)는 明德이 소리로 명령하고 안색을 근엄하게 하는 것이 아님을 생각한다.'고 하거늘 공자께서 '聲色이 백성을 감화하는데 말단이라' 하셨으니, 그 말이 「使無訟 大畏民志」의 뜻과 부절처럼 합치한다. 이는 옛날 성인께서 治國·平天下의 要道인 것이다. 그러므로 經文의 팔조목 아래에 本末의 소재를 말하고, 공자의 말씀을 인용하여 맺었으니, 그 뜻이 매우 심장하다." 하였으니, 정자도 이에 대해 어찌 본 것이 없겠는가?

或問 格物致知는 學者最初用功之地 而其文이 專闕이라 朱子 蓋嘗欲效而爲之로되 而竟不能成하고 遂取程子之意하여 以補之어시늘 今自乃取經文中兩節하여 以補此章之闕하니 其亦何所據耶아

曰程子 言格物者는 適道之始니 思欲格物이면 則固已近道矣라하고

又曰致知之要는　當知至善之所在니　如父止於慈하고　子止於孝之類라
朱子　又云知止云者는　物格知至하여　而於天下之事에　皆有以知其至善
之所在也라하니　則程朱　亦以此兩節로　爲格物致知之意　明矣로되　但其
知云者　屬於止於至善之下라　故로　先儒　意其爲經文　而不敢移易也라
惟此兩節을　置於三綱領八條目之間하면　無甚緊切意味요　而移之爲格物
致知章之文하면　其意之所包　甚廣하고　無欠於經文　而有補於傳義하여
反復參玩하면　辭足義明하여　無可疑者하니　雖晦菴復起라도　亦或有取
於斯矣오

曰然則所謂物有本末과　事有終始之義를　可得聞歟아

曰天下之事物이　莫不有本末終始하나니　今且以其最近而大者言之하
면　禮樂之本은　在於中和하니　而其威儀音律은　則末也요　喪祭之本은
在於哀誠하니　而其節文度數은　則末也요　爲治之本은　在於明德하니　而
刑政法度는　則末也요　爲學之道는　始於灑掃應對하여　而終於窮理盡性
하고　始於格物致知하여　而終於治國平天下하니　推類而言이면　自天地
之大로　以至萬物萬事之繁에　莫不皆然이라　故로　大學始敎에　必使學者
로　卽凡天下之事物하여　莫不窮其本末終始之理하여　無所不至하니　而
其窮之也엔　亦必先其重　而後其輕하며　先其所急　而後其所緩이면　則進
德修業이　循循有序하여　而其至於道也　不遠矣요　旣能窮格物理之本末
終始하여　而知其所當止之地면　則方寸之間에　事事物物이　各有定理하
여　而心無妄動危殆之累하고　其思慮益明하여　可以盡物理之微妙하여
而有得於心矣리라　此는　乃格物致知之要法이라　只此兩節에　其義已備
하여　不必有待於補益矣라

曰此章之旨는　主於格物致知어늘　而兼言事는　何也오　曰以其本於天
者而言之면　則謂之物이요　以其作於人者而言之하면　則謂之事요　對言

則物是物事是事로되　獨言物則兼事在其中하니　如君臣父子夫婦昆弟朋友는　物也요　君臣之義　父子之親　夫婦之別　昆弟之愛　朋友之信은　物之理　而著於事者也라　五者之理가　在乎心者는　本也요　顯於事者는　末也라　交際之有禮에　孩提而知愛하고　及長而知敬이　始也요　各循其則　而盡其道하여　至於沒身不衰者는　終也니　未有不存於心　而能善其事者也며　未有不先其始　而能善其終者也니라　然則物有本末　事有終始之意가　所該甚廣이어늘　朱子獨以明德新民으로　爲物之本末하고　知止能得으로　爲事之終始하니　其意偏而不周矣니라

曰格物致知之方은　程朱之說이　備矣　而未有及於本末終始者어늘　今子之論이　得無有乖於先賢之見　而不盡其精微耶아　程子曰　物有本末하다　不可分本末　爲兩段事니　灑掃應對　是其然이면　必有所以然이라하고　朱子　言反身窮理　而必究其本末是非之極摯이라　又曰治心修身이　是本이요　灑掃應對　是末이나　皆其然之事가　至於所以然은　則理也라　理無精粗本末하니　皆是一貫이라　又曰　精粗本末이　其分雖殊　而理則一이니　學者　當循序漸進이요　不可厭末而求本이라　又曰　始終本末을　一以貫之는　則惟聖人이야　爲然이라　又曰敬者는　聖學之所以成始而成終이라하고　周子　又言治天下有本하니　身之謂也요　本必端이니　端本이면　清心而已矣라　謝氏曰　德行은　本也요　文藝는　末也니　窮其本末하여　知所先後면　可以入德이라　先儒之論이　何嘗不及乎此리오　其見於經傳者는　則禮器에　曰先王之立禮也에　有本有文하니　忠信은　禮之本也요　義理는　禮之文也라　無本不立하고　無文不行이라　有子　曰君子務本이니　本立而道生이라　子游　言子夏之門小人子는　當灑掃應對則可矣나　抑末也라　本之則無하니　如之何요　大學曰　德者는　本也요　財者는　末也라　中庸曰　中也者는　天下之大本也요　和也者는　天下之達道也라　孟子曰天下之本

은 在國하고 國之本은 在家하고 家之本은 在身하니 如此之類甚多라
書曰終始惟一이야 時乃日新라하며 詩云 靡不有初나 鮮克有終이라 孔
子 語曾子以爲孝之道하시고 亦言孝之有終始하시고 子思曰誠者는 物
之終始니 不誠無物이니라 孟子曰 始條理者는 智之事也요 終條理者는
聖之事也라 子夏曰 有始有卒者는 其惟聖人乎인져 易曰 知至至之라
可與幾也며 知終코 終之라 可與存義也라 又曰大明終始며 六位時成이
라 又曰終則有始는 天行也라 又曰 終萬物始萬物者는 莫盛乎艮이라
又曰形而上者를 謂之道요 形而下者는 謂之器라 又曰 原始反終이라
故로 知死生之說이라 所謂道者는 本也요 器者는 末也니 天地陰陽도
亦皆有本末終始어든 而況於事物乎아 故로 孔子之敎人에 必叩其兩端
而竭焉하시니 兩端者는 本末終始之謂也라 夫所謂本末終始者는 所指
雖不同이나 而古之聖賢이 論學論治道에 丁寧訓戒之意 未嘗不以此爲
言이라 蓋學者가 有志於格物致知나 而不知物理之有本末終始하면 則
其所知所傳이 或始輕重之倫 先後之序호대 而終無以入於道矣리라 今
世學不講 而道不明하여 爲學爲治爲忠爲孝者 或遺本而事於末하며 或
有始而無其終하며 或專失其本末終始之所在 而卒至於敗亂者 多矣리니
由其不講乎此章之義故也라 嗚呼라 大學之敎는 前後聖賢이 更相演繹
하여 規模節目은 亦云詳且盡矣로대 而一言之不備와 一理之不明이 其
有害於人心世道也 如此하니 其可忽哉리오

혹자가 묻기를 "格物致知는 학자가 최초에 공부하는 곳인데 그 전
문이 없으므로 주자가 일찍이 본받아서 만들고자 하였으나 이루지
못하고 드디어 정자의 뜻을 취하여 보충하였는데, 이제 자의로 經文
중 두 절을 취하여 格致章의 빠진 글을 보충하니, 어디에 근거한 것
입니까?" 하거늘, 나는 대답하여 말하기를, "정자가 格物이란 道에

나아가는 시초이니, 格物하고자 생각했다면 진실로 道에 가까울 것이라 하고, 또 致知의 요체는 마땅히 至善의 소재를 아는 것이니 父는 慈에 止하고 子는 孝에 止하는 類와 같다고 하였다. 주자도 知止라 한 것은 格物 知至하여 천하의 일에 모두 그 至善의 所在를 아는 것이라 하였으니, 정자·주자도 이 도 절로써 物格 致知의 뜻을 삼은 것이 명백하다. 다만 「知止」節이 「止於至善」의 아래에 이어졌으므로 先儒가 그것이 經文이라 생각하고 감히 옮겨 바꾸지 못하였다. 생각건대 이 두 절을 삼강령 팔조목의 사이에 두면 긴절한 의미가 없고 格物致知章의 글로 삼으면 포함된 뜻이 매우 넓고 경문에 결함도 없고 傳의 뜻에 보완되어 반복하여 음미하면 글의 뜻이 만족스럽고 의의가 분명하여 의심할 것이 없으니, 비록 晦庵(주자)이 다시 태어날지라도 또한 여기서 취할 점이 있을 것이다"라고 하였다.

혹자가 묻기를, "그렇다면 이른바 物有本末 事有終始라는 뜻을 들을 수 있겠습니까?" 하거늘, 나는 대답하여 말하기를, "천하의 사물은 本末과 終始가 없는 것이 없다. 이제 가장 가깝고 큰 것으로 말하면 禮樂의 本은 中和 있으니 威儀와 音律은 末이요, 喪祭의 本은 哀誠에 있으니 節文과 度數는 末이요, 政治의 本은 明德에 있으니 刑政과 法度는 末이요, 學問의 道는 灑掃, 應對에서 시작하여 窮理 盡性에서 마치고 格物 致知에서 시작하여 治國 平天下에서 마치니, 같은 예를 미루어 말하면 천지의 막대함으로부터 모든 사물의 번잡함에 이르기까지 모두 그렇지 않는 것이 없다. 그러므로 大學에서 처음 가르칠 적에 반드시 학자로 하여금 모든 천하의 사물에 이르기까지 모두 그렇지 않는 것이 없다. 그러므로 大學에서 처음 가르칠 적에 반드시 학자들로 하여금 모든 천하의 사물에 나아가서 그 本末 終始의 이치를 살펴서 이르지 않는 곳이 없게 하였고, 살핌에 있어서도 또한 반드시 중한 것을 먼저 하고 가벼운 것을 뒤에 하며 급박한 것을 먼저 하고 완급한 것을 뒤에 하면 덕에 나아가고 사업을 닦음이 가지런히 순서가 있어 道에 이름이 멀지 않을 것이요, 이미 物理의 本末 終始를 궁구하여 그 마땅히 그쳐야 할 곳을 알면 마음속에 事事 物物이 각기 이치가 정해져서 망령되게 행동하고 위태한 쌓임이 없을 것이요, 思慮가 더욱 밝아져서 사물 이치의 미묘함을 다하여 마음에 터득함이 있을 것이다." 하였다. 이것은 格物致知의 요법으로서 다만 이 두 절에 그 의의가 갖추어졌으니, 달리 보완할 필요가 없을 것이다.

혹자가 묻기를, "이 章의 뜻은 格物 致知가 主인데 事를 겸해 말한 것은 무엇 때문입니까?" 하거늘, 나는 대답하여 말하기를, "天에 근본을 두는 것으로 말하면 物이라 하고 사람에 행하는 것으로 말하면 事라 하고, 상대적으로 말하면 物은 物이고 事는 事이지만 物만 말하면 事도 겸하여 가운데 있으니 예컨대 君臣, 父子, 夫婦, 昆弟, 朋友는 物이고 君臣의 義, 父子의 親, 夫婦의 別, 昆弟의 愛, 朋友의 信은 物의 理로서 事에 나타난 것이다. 五者의 理가 心에 간직된 것은 本이요 事에 나타난 것은 末이다. 교제할 때에 예절이 있으니 어릴 때에 사랑할 줄 알고 장성하여 공경할 줄 아는 것은 始이고, 각각 그 법칙을 따라 도리를 다하여 종신토록 쇠퇴하지 않는 것은 終이니, 마음에 간직하지 않고 그 일을 잘하는 자도 없으며 그 始를 먼저 하지 않고 終을 잘하는 자도 없다. 그렇다면 物有本末, 事有終始의 뜻이 매우 광범하게 갖추어졌는데, 주자는 다만 明德 新民으로 物의 本末로 삼고 知止 能得으로써 事의 終始로 삼았으니 그 뜻이 편협하고 두루하지 못할 것이라" 하였다.

혹자가 묻기를, "格物 致知의 방법은 정자, 주자의 說이 갖추고 있지만 本末·終始에 언급한 것이 없는데 지금 그대의 의론은 선현의 견해에 어긋나고 그 정미함을 다하지 못한 점이 있습니까?" 하거늘, 나는 대답하여 말하기를, "정자가 사물은 本末이 있으나 本末을 나누어 두 가지 일로 만들 수 없으니, 灑掃 應對가 그러함(末)이라면 반드시 그 까닭(本)이 있는 것이라 하였다. 주자가 몸에 돌이켜서 이치를 궁구함에 반드시 그 本末 是非의 궁극을 밝게 살펴야 한다 하였고, 또 治心·修身이 本이요 灑掃·應對가 末이자만 모두 그러한 일이 그 까닭에 이르면 理이다. 理는 精粗 本末이 없으니, 모두 일관된 것이라 하고, 또 精粗·本末이 그 구분이 비록 다를지라도 이치는 하나이니, 학자가 마땅히 순서를 따라 점차 나아가야지 末을 싫어하고 本을 구해서는 안 된다고 하고, 또 終始 本末을 일관하는 것은 오직 성인이라야 그럴 수 있다 하고, 또 敬은 성인의 학문의 始도 이루고 終도 이루는 것이라." 하였고, 周子(周敦頤)도 天下를 다스림에 本이 있으니, 身을 가리키며, 本(身)은 반드시 단정해야 하니, 本을 단정하게 하는 것은 마음을 깨끗하게 하는 것일 따름이라고 하였고, 謝氏도 德行은 本이요 文藝는 末이니 그 本과 末을 살펴 먼저 하고 뒤에 할 바를 알면 德에 들어갈 수 있다고 하였다. 先儒의 의론이 어찌 일찍이 이 本末終始를 언급하지 않는가? 그것이 經傳에 나온 것으로는 禮器(禮記의 篇名)에 先王이 禮를 定立하심에 本도 있고 文도 있으니, 忠信은 禮의 本이고 義理는 禮의 文이다. 本이 없으면 서지 못하고 文이 없으면 行하지 못한다 하였고, 有子(有若)는 군자는 本을 힘쓰니 本이 서면 道가 生한다 하였고, 子游는 子夏의 門人은 灑掃應對는 可하지만 이는 末이라서 本으로 삼음이 없으니 어찌할 것인가 하였고, 『大學』에서 德은 本이고 財는 末이라 하였고, 『中庸』에 中은 天下의 大本이고 和는 天下의 達道라 하였고, 孟子는 天下의 本은 國에 있고 國의 本은 家에 있고 家의 本은 身에 있다 하였으니, 이와 같은 類가 매우 많다. 『書經』에 終始가 한결 같아야만 이에 날로 새로워진다 하였고, 『詩經』에 시초는 있지 않는 이가 없으나 終末이 있는 이가 드물다 하였다. 『孝經』에서 孔子께서 曾子에게 孝의 道를 말씀하시고 또한 孝의 終始 있음을 말씀하였으니, 子思는 誠은 物의 終始이니 誠하지 않으면 物이 없다 하였으며, 孟子께서 始條理는 智의 事이고 終條理는 聖의 事라고 하였으며, 子夏는 始도 있고 終도 있는 것은 그 오직 聖人뿐이다 하였으며, 『周易』에 至할 바를 알고 至한지라 더불어 幾할 수 있으며 終할 바를 알고 終한지라 義를 存할 수 있다 하였고, 또 終始를 크게 밝히면 六位(卦의 六位)가 時로 이루어진다 하였으며, 또 終하면 始가 있음이 하늘의 운행이라 하였으며, 또 만물을 終하고 만물을 始하는 것이 艮(卦名)보다 盛함이 없다 하였으며, 또 形而上者는 道라 하고 形而下者는 器라 한다 하였으며, 또 始를 原하고 終을 反하는 까닭으로 死生의 說을 안다고 하였다. 이른바 道는 本이고 器는 末이니 천지 음양도 또한 모두 本末·終始가 있는데, 하물며 사물에 있어서랴? 그러므로 공자께서 사람들을 가르치실 적에 반드시 그 兩端을 들어서 다하셨으니 兩端은 本末·終始를 말하는 것이다. 이른바 本末·終始는 지칭하는 것이 비록 다르지만 옛날의 성현이 학문을 논하고 다스리는 도를 논하실 적에 간곡히 훈계하신 뜻이 이것을 말씀하시지 않는 것이 없었다. 대개 학자가 格物·致知에 뜻을 두면서도 物理의 本末·終始가 있음을 알지 못한다면 그의 지식과 전수가 혹은 그 경중의 차례와 선후의 순서에서 시작하지만 마침내 道에 들어가지 못할 것이다. 지금 세상에 학문을 강구하지 않으므로 道가 밝지 못해서 학문과 정치를 하고 충효를 하는 자가 혹은 本을 버리고 末에 일삼으며 혹은 始는 있어도 終이 없으며, 혹은 그 本末 終始의 소재를 잃고 마침내 敗亂에 이를 자가 많을 것이니, 이것은 이 章(格物致知章)의 뜻을 밝히지 않는 데 기인한 까닭이다. 아! 대학의 가르치심은 앞뒤의 성현이 서로 演繹하여 규모와 절목이 또한 상세하고 극진하다 할 것이니, 한 말의 구비하지 못함과 한 이치의 명백하지 못함이 人心과 世道에 害를 끼침이 이와 같으니, 어찌 소홀히 하겠는가? 하였다.

謝氏: 謝良佐를 가리킴. 宋나라 上蔡사람으로 二程子에게 受業하였으며 諡號는 文肅이다.

或問 慮字之義를 朱子 釋爲處事精詳이어늘 子乃訓爲思하고 而引程子之說以證之하니 其亦有所見乎아

曰聖賢論學이 必本於思하니 孔子曰 學而不思則罔이라하여시늘 釋之者曰 不求諸心이라 故로 昏而無得하고 又言博學審問하여 而繼之以愼思라하고 又曰有不思언정 思之인댄 不得을 不措라하여시늘 釋之者曰思必謹然後에 有以精研其學問之所得하여 而自得於心이라 孟子曰 思則得之하고 不思則不得이라 周子曰 思者는 聖功之本이라 程子曰 思慮久後에 睿自然生하니 若於一事上에 思不得이라도 別換一事思之라하고 又曰 不深思면 則不能造於道하니 不深思而得者는 其得易失라 又曰 思慮有得이면 中心悅豫하고 沛然有裕者 乃是實得也라하니 安有爲窮理正心之學하되 而不由思以得者乎아 蓋知止而有定이면 則於天下之物에 皆有以知其所當然之則하여 而心無妄動危殆之累하여 其思慮益明矣요 思之明이면 則又有以研窮物理之所以然하여 而有得於心矣니

若或知止而至於靜安하여도　不復致思焉이면　則將至於昏而無得矣어든
況朱子亦言이　慮是思之精審하니　則慮之爲思를　又何疑乎아

　혹자가 묻기를 "慮字의 뜻을 주자는 處事精詳이라 하였는데 그대
는 思라 해석하고 정자의 說을 인용하여 증명하였으니, 그 또한 소견
이 있는 것인가" 하거늘, 대답하기를 "聖賢이 학문을 논하심에 반드
시 思에 根本하니, 孔子께서 '學(배움)만 하고 思(생각)하지 않으면
罔(昏昧)한다'고 하였는데 해석하는 이가 '마음에서 구하지 않는 까
닭에 혼매하여 얻음이 없다'고 하였다. 또 博學·審問을 말하면서 愼
思로써 연계하고 또 생각을 하지 않을지언정 생각을 하고자 했으면
터득하지 못함을 그대로 두지 않는다 하였는데, 해석하는 이가 생각
함이 반드시 삼가한 뒤에야 그 학문의 얻은 바를 정밀히 살펴서 마
음에 스스로 얻을 수 있는 것이라 하였다. 孟子께서 생각하면 얻고
생각하지 않으면 얻지 못한다고 하셨으며, 周子가 思는 聖功의 本이
라 하고, 정자가 생각함이 오래 계속한 뒤에 밝은 지혜가 자연히 생
기니 만약 한 가지 일에 대하여 생각하다 얻지 못하더라도 다른 한
가지 일로 바꾸어 생각하지 말라고 하였으며, 또 깊이 생각하지 않으
면 道에 나아갈 수 없으니 깊이 생각하지 않고 얻은 것은 쉽사리 잃
는다 하였으며, 또 생각하여 얻음이 있으면 中心이 매우 기쁘고 沛然
히 여유가 있는 것이 바로 실재로 터득함이라 하였으니, 어찌 窮理·
正心의 학문을 하면서 생각(思)을 통하지 않고 얻은 자가 있겠는가?
대개 止할 곳을 알아 定함이 있으면 천하의 사물에 모두 당연한 法
則을 알아 마음에 망동하거나 위태로움의 쌓임이 없어서 그의 사려
가 더욱 밝아질 것이요. 사려가 밝아지면 物理의 所以然을 궁구하여
마음에 얻음이 있을 것이다. 만약 그칠(止) 곳을 알아 安하고 靜함에

이르러 다시 생각을 다하지 않는다면 장차 혼매하여 얻지 못할 것이다. 하물며 朱子도 慮는 思의 정밀함이라 하였으니, 慮가 思인 것을 어찌 의심하겠는가?"

或問 子以虞書明俊德以至黎民於變時雍으로 爲明德新民은 可矣어니와 至以允執厥中으로 爲止至善은 則先儒之所未及이어늘 而子獨言之하니 其亦何所據耶아

曰至善之義는 程子 以爲義理精微之極이요 朱子以爲事理當然之極이라하고 又曰 欲明德以新民者는 求必至是하되 而不容其少有過不及之差라 又曰 明德新民은 本有一箇當然之則이니 過之不可요 不及亦不可라하니라 至其釋中庸之義하여는 則曰天命所當然이니 精微之極致라하니 然則程朱雖不明言執中之爲止至善이나 而所謂極者는 中之理也니 天下之至善이 孰有過於中者乎아 張南軒所謂事事物物이 皆有中이니 天理之所存이 是也라 且中庸所謂擇乎中庸者는 言辨別衆理하여 而求其至善之所在也라 故로 下章繼之曰 擇乎中庸하여 得一善이어든 則服膺勿失이라하니 其言擇善明善이 皆此意也라 中之爲至善은 益明矣라 蓋中與至善이 名雖異나 而理則一이니 學者不可不知也라

曰子以執中으로 爲明明德之止於至善은 可矣어니와 新民之止於至善도 亦由於中乎아 曰中也者는 天下之大本也요 和也者는 天下之達道也니 大本旣立 而達道以行이면 則凡施之家國天下에 政敎刑賞이 皆合於中 而無有過不及之差라 故로 以至平章百姓하여는 而百姓昭明하고 以至於黎民하여는 於變時雍이니 如舜之用中於民과 成湯之建中于民이 是也라 然則新民之至於至善이 安有不本於中者乎아 愚於大學에 認至善爲中하고 認慮爲思者는 皆本於先聖賢之意요 而非愚之牽合杜撰也라 蓋中爲明德新民之極이요 思爲窮理盡心之要니 明德而知至善之爲中이

92

면 則高不溺於空虛하고 卑不失之汚賤이며 新民而知至善之爲中이면
則過之者는 抑而就之하고 不及者는 引而進之하여 而無不協于中矣라
苟非聖人之生知면 未有不思而得者니 知止而至於定靜安이면 則心亦一
而明矣라 於是而思之益精이면 則於天下之理 明無不盡이며 幽無不燭
하여 而自得於心矣라 蓋道未易盡하며 理未易窮하니 若或知止而至於
靜安라도 不復致思研幾면 則知之有未眞하고 信之有未篤 而終無以自
得之矣온 況吾心의 理欲公私眞妄之幾와 天下事物의 是非邪正之混에
察之未盡하고 思之不審하여 而未能辨別於毫釐疑似之間이면 則有誤認
人欲爲天理하고 誤認奸僞爲忠賢하여 遂至於取舍顚錯而失其正者 多矣
리니, 此는 學之所以不可無思요 而思之不可不精이라 下章誠意正心之
功은 皆本於此矣라

　　혹자가 묻기를 "그대가 『書經』의 明俊德에서 黎民於變時雍까지를
明德과 新民이라 한 것은 괜찮겠지만, 允執厥中을 止至善이라 함은
先儒도 언급하지 않은 것인데 그대만이 말하였으니, 어디에 근거하였
습니까?" 하거늘, 나는 대답하기를 "至善의 의의는 정자가 義理의 지
극히 고요한 극치라" 하였고, 주자가 事理의 當然한 극치라 하고, 또
德을 밝혀서 백성을 새롭게 하고자 하는 자는 반드시 이에 이르기를
구해야 하는데, 조금도 過不及의 차이가 있어서는 안 된다 하고, 또
明德과 新民은 본디 하나의 당연한 법칙이 있으니, 지나쳐도 안 되고
미치지 못하여도 안 된다고 하였다. 그 中庸의 의의를 해석함에 이르
러서는 "天命의 所當然으로서 지극히 고요함의 극치라" 하였으니, 그
렇다면 程子 朱子가 비록 執中을 止至善이라고 明言하지 않았지만,
이른바 極이란 것은 中의 理이니 天下의 至善이 무엇이 中보다 나은
(過) 것이 있겠는가? 張南軒의 이른바 사물마다 모두 中이 있으니

天理의 所存이라 함이 이것이다. 또 『中庸』에 이른바 中庸을 택한다 함은 모든 이치를 변별하여 至善의 있는 곳을 구한다는 말이다. 그러므로 下章에 이어서 中庸을 택하여 하나의 善을 얻으면 마음에 간직하여 잃지 말 것이라고 하였으니, 擇善과 明善이 모두 이 뜻이므로 中이 至善임은 더욱 명백하다. 대개 中과 至善은 명칭이 비록 다르지만 理는 한 가지이니, 학자가 모르면 안 되는 것이다.

혹자가 묻기를 "그대가 執中을 明明德의 止於至善이라 한 것은 괜찮지만, 新民의 止於至善도 中에 基因한다고 하겠습니까?" 하거늘, 나는 대답하기를 "中은 天下의 大本이요 和는 天下의 達道이니 大本이 이미 서고 達道가 행한다면 家, 國, 天下에 시행하는 政敎 刑賞이 모두 中道에 맞아서 過不及의 차이가 없을 것이다. 그러므로 이로써 百姓을 平章하면 百姓이 밝게 밝혀서 黎民에 이르면 서민이 善하게 바뀌어 화합할 것이니, 舜帝가 백성에게 中道를 쓴 것과 湯王이 백성에게 中道를 세운 것이 이것이다. 그렇다면 新民의 止於至善이 어찌 中에 근본하지 않을 수 있는가? 내가 大學에서 至善을 中이라 인정하고 慮를 思라 인정한 것은 모두 선대 성현의 뜻에 근본한 것이지 나의 억지 주장이 아니다. 대개 中이 明德·新民의 極(至善)이고 思가 窮理·盡心의 요체이니 德을 밝힘에 至善이 中임을 안다면 높고 멀어 공허에 빠지지 않고 비근하여도 천근함에 떨어지지 않을 것이며, 백성을 새롭게 함에 至善이 中임을 안다면 過한 것은 억제하여 中에 나아가게 하고 不及한 것은 인도하여 진보하게 해서 中에 合하지 않음이 없을 것이다. 진실로 나면서 아는 성인이 아니라면 생각하지 않고 얻을 자가 없으니, 止할 바를 알고 定, 靜, 安한 지경에 이른다면 마음도 섞이지 않고 순수하여 밝아질 것이다. 이에 생각을 더욱

94

정밀하게 한다면 천하의 리치에 있어서 밝게 드러난 것도 극진하지 않음이 없고 은미한 것도 살피지 않음이 없으므로 마음에 자득하게 될 것이다. 대개 道는 다하기가 쉽지 않고 理는 궁구하기가 쉽지 않으니, 만약 그칠 곳을 알고 고요하고 편안함의 경지에 이르더라도 다시 생각하여 기미를 연구하지 않으면 앎이 참되지 못하고 신임도 독실하지 못하여 마침내 스스로 터득할 수 없을 것이다. 하물며 내 마음의 理欲, 公私, 眞妄의 기미와 天下事物의 옳고 그름, 사악함과 바름의 섞임에 있어서는 극진히 살피지 않고 생각하기를 정밀히 살피지 않아서 털끝만큼 근사한 차이를 변별하지 못한다면, 人欲을 天理로 잘못 인식하고 奸僞를 忠賢으로 잘못 인식하여 드디어 취하고 버림이 顚倒 錯亂하여 正道를 잃는 지경에 이르게 될 자가 많을 것이니, 이는 학문을 함에 생각하지 않을 수 없는 것이요, 생각을 함에 정밀하지 않을 수 없는 것이다. 아래 장의 誠意·正心하는 공부는 모두 이에 근본한다." 하였다.

杜撰: 詩文이나 著作에 誤謬가 많은 것을 指稱한 말이니, 즉 典據, 出處가 없이 억지로 쓰는 文字란 뜻임. (野客叢談) 杜默爲詩 多不合律 故言事不合格者 爲杜撰

或問 治國平天下兩章에 言仁者 非一이요 而先儒 皆泛然說過하니 未有明言仁爲治國平天下之本者어늘 子獨何所據而云爾歟아.

曰孔子 云古之爲政은 愛人爲大라하시고 又曰道千乘之國에 敬事而信하며 節用而愛人이라하시고 又曰 君子 體仁이면 足以長人이라하시니 夫愛者는 仁之用也라 孟子 言堯舜之道는 不以仁政이면 不能平治天下라하시고 又曰聖人이 旣竭心思焉하사 繼之以不忍之政하여 而仁覆天下라하시고 又曰君仁이면 莫不仁하며 君義면 莫不義니 一正君이

면　而國이　定이라하시니라　程子　亦曰君道以至誠仁愛爲本이라하고　又
曰天下之治亂은　繫於人君之仁與不仁이라하니　孔門敎人에　專以求仁爲
本하시고　而曾子之學은　又以仁爲己任하니　安有聖賢이　著書立敎하여
以明治國平天下之道하여　以爲萬世準則하사대　而不以仁爲本者乎아　仁
之說은　發端於三章하여　而推廣於卒章하니　其曰　爲人君止於仁者는　言
治道本於仁이니　此人君之所當止也라　人君而止於仁이면　則化行澤洽
而天下平矣리라　堯舜三王之治가　皆本於此하니　禮樂刑政이　特其緖餘
耳라　孔子曰　人而不仁이면　如禮何며　人而不仁이면　如樂何아　舜典曰
欽哉欽哉하라　惟刑之恤哉라하니　禮樂刑政이　無一事之非仁也라　有子
는　以孝弟로　爲爲仁之本하고　程子曰　孝弟行於家而後에　仁愛及於物이
니　所謂親親而仁民也라　今竊深究兩章之義하면　首以孝弟慈로　爲立敎
之本이니　此乃施仁之事也요　又言恕言絜矩者는　所以明施仁之要이　在
於此也니　絜矩는　卽恕也라　孔子曰　夫仁者는　己欲立而立人하고　己欲
達而達人이라하시고　能近取譬면　可謂仁之方也라　程子曰　公而以人體
之라　故로　爲仁이라　只爲公則物我兼照라　故로　仁所以能恕요　所以能
愛하니　恕則仁之施요　愛則仁之用也라　朱子曰　仁은　是人心所固有之理
요　公在仁之前하고　恕與愛在仁之後라　公則能仁요　仁則能愛能恕也
라　然則仁之體用은　只是公與愛요　而其施則恕也라　章內丁寧反覆之意
가　不出乎三者之間이니　可見仁爲治國平天下之本이요　而施仁之要　又
在於絜矩也라　必以孝弟慈爲先者는　蓋孝弟慈者가　所以行仁之本也니
本立而推以及人하여　使天下之人로　各親其親하고　各長其長하고　各慈
其幼면　則萬邦協和　黎民於變時雍하여　而天下平矣리라　旣言仁與不仁
이　興喪之幾요　又言堯舜桀紂之事하여　以垂戒萬世하니　聖賢之意를　斷
可知矣요　其言如保赤子　民之父母라하니　言慈愛之心이　發於至誠이니

仁之至也요 節南山에 言不能公其心하여 而好惡 循於一已之偏하니 不
仁之禍也라 三言得失은 蓋言人心天命之去就 決於此心存亡之幾니 仁
與不仁之驗也라 孟子曰 三代之得天下也는 以仁이요 其失天下也는 以
不仁이라하시니 正謂是也라 旣又丁寧於外本內末之戒하고 懇激於退邪
進賢之意하니 無非以仁與不仁爲言이라 蓋仁人之心은 愛與公而已니
惟其愛育民物하여 有同一體라 故로 約已厚施하여 無少私吝 而黎庶被
其澤이요 惟其至公無私하여 好惡得其正이라 故로 進退賢邪에 夬決無
留 而天下服其明하니 不仁者는 反是라 繼言民之聚散과 貨之出入하고
又言好惡之拂人性이면 菑及其身하니 其言이 明白峻厲하여 有可以感
動人者는 皆所以明仁與不仁之驗也라 言之至此에 猶恐人之未達其旨하
여 終乃明言仁者는 以財發身하고 不仁者는 以身發財라하고 又曰 未
有上好仁而下不好義者라하니 其所以勸戒之意 亦可謂深切著明矣라 章
末에 申之以小人好利之害하여 重言以深警之하니 蓋懼人君之用小人
而掊克傷民하여 以害於仁也라 古之聖賢은 爲天下後世慮 深且遠矣니
孟子 勸梁王行仁義하실새 極言求利之害하시니 其亦深得此章之旨矣시
니라 嗚呼라 自周以來로 數千載間에 有家國天下者 蓋未有不讀此書로
되 而鮮有深明此章之本旨者니 故로 其爲政也가 專以殺戮刑法爲務요
而志於仁者寡矣니 秦晉魏隋之亡과 南北朝五季之亂이 皆由是也라 漢
唐宋이 最爲享國長久 而其祖宗이 以仁開基하고 子孫이 卒以不仁亡滅
하니 此萬世之鑑也라 誠使讀是書者가 深明天下國家之理亂興喪과 天
命人心之去就離合이 一繫於人君之仁與不仁하여 惕然警省하여 常存此
心而不失이면 則安有禍敗之至此乎아 聖經賢傳之中에 一字之義라도
不明이면 害流於生民하고 禍及於後世하나니 其可忽哉아 蓋大學之法
은 在於窮理正心하여 以修其身하여 以及於家國天下하니 窮理는 所以

求仁也라 仁은 人心也이니 心得其正이면 是乃仁也라 由身而及於家하고 由家而及於國天下者 豈有他哉리오 亦此心而已矣라 故로 朱子曰 格物致知는 所以求仁也라 又曰 絜矩는 乃求仁工夫이니 正要著力이라 하고 又曰 有天下者가 能存此心而不失이면 則所以絜矩 而與民同欲者를 自不能已라하니 所謂存此心者가 仁之謂也라 但以言之未盡과 又於篇中仁字之義에 未收訓釋에 讀是書者가 不知仁爲何物이니 又安知仁爲治國平天下之本乎아 諸儒之說도 亦未有及此者나 獨眞西山之言曰 自非聖人이면 未有不由恕而至仁者라 孟子曰 强恕而行이면 求仁이 莫近焉이라하시니 有志於仁者는 當知穹壤之間에 與吾並生者 莫非同體리니 體同則性同하고 性同則情同하여 公其心平其地하여 必均齊而無偏倚하고 方正而無頗邪요 帥是以往이면 將無一物不獲者니 此所謂絜矩之道也라 又曰求仁은 當自絜矩始 而推其端하여 又自明義利之分이라하니 始可謂深得聖賢立敎之本旨矣라

曰子之論이 似矣로되 但晦翁이 以高明深造之學으로도 竭其平生精力於此書하여 深討精微하여 殆無餘蘊이어늘 今에 子以偏方末學孤陋淺見으로 輕議聖經賢傳之錯誤하고 又有先儒之所未發而言之者하니 得無犯不韙之罪하여 取譏於天下後世乎아

曰是固然矣나 斯理也는 無古今之異하고 無賢愚之間하니 是乃天下之公이요 非有我之得私也라 理之散在萬物에 雖愚夫라도 或有與知焉而及其至也하여는 雖聖人이라도 亦有所不能盡者라 故로 聖賢이 述作하여 爲經傳者 必待前後諸儒 更相演繹而後에 其義乃備라 愚陋淺末로 固不敢自列於諸賢之間나 然自幼受讀是書 而竊有疑焉이러니 邇來窮寂之中에 潛心玩索하여 若有所得하고 恨不及程朱之門而質其所疑라 雖不知所見之合於道與否나 而愚慮一得이 庶或有補於聖門之敎之萬一일

새 聯錄管見하여 以竢後之君子云爾로다

혹자가 묻기를 "治國·平天下 두 장에서 仁을 말한 곳이 하나가 아니고 先儒가 모두 일반적으로 말하여 仁이 治國·平天下의 근본이라고 분명히 말한 자가 없는데 그대만이 어디에 근거하여 그렇게 말하는 것입니까?" 하거늘, 나는 대답하기를 "孔子께서 옛날의 정치는 사람을 사랑하는 것이 가장 컸다고 하시고, 또 千乘(諸侯)의 나라를 다스림에 정사를 삼가서 백성의 신뢰를 받아야 하며 재물의 쓰임을 절약하여 백성을 사랑해야 한다고 하시고, 또 군자가 仁을 체득하면 백성의 우두머리 노릇을 할 수 있다"고 하셨으니, 사랑이란 仁의 用인 것이다. 맹자께서는 堯舜의 道는 仁政으로써 하지 않으면 천하를 다스릴 수 없다고 하시고, 또 성인께서 이미 마음으로 생각함을 다하여 不忍之政으로 이어나가 仁이 天下를 덮었다 하시고, 또 君主가 仁하면 仁하지 않는 이가 없고 군주가 의로우면 의롭지 않는 이가 없을 것이니 한 번 군주의 마음을 바로잡으면 나라가 안정하리라 하였다. 정자도 군주의 道는 至誠과 仁愛를 근본으로 삼는다고 하고, 또 천하의 다스려지고 어지러움은 군주의 仁과 不仁에 매어 있다고 하였으니, 공자의 문하에서 사람을 가르칠 적에 오로지 仁을 구하는 것으로 근본을 삼으셨고, 증자의 학문도 仁으로써 자기의 임무로 삼았으니, 어찌 성현이 글을 지어 가르침을 세워 治國·平天下의 道를 밝혀 만세의 준칙을 삼으시는데 仁으로 근본을 삼지 않았겠는가? 仁에 대한 말씀은 3장에서 단서를 일으켜서 卒章까지 미루어 넓혔으니, 「爲人君 止於仁」은 治道가 仁에 근본함을 말한 것이니 이는 군주의 마땅히 그칠 바이니, 군주가 仁에 그치면 교화가 行하고 은택이 흡족하여 천하가 화평해질 것이다. 요순과 삼왕의 다스림이 다 이에 근본하니 禮樂刑政이 다만 그 나머지일 뿐이다. 孔子께서 사람이 不仁하면 禮에 어찌 하겠으며, 사람이 不仁하면 樂에 어찌 하겠는가 하셨고, 「舜典」에 공평하고 공평하라 오직 형벌을 불쌍히 할지어다 하였으니, 禮樂·刑政이 한 가지 일도 仁이 아닌 것이 없다. 有子는 孝弟로써 仁을 행하는 근본을 삼았고, 정자는 孝弟가 집에서 行한 뒤에 仁愛가 남에게 미치니, 『孟子』에 이른바 親한 이를 친애하고 백성을 사랑한다는 것이라 하였다. 이제 가만히 두 장의 뜻을 깊이 설펴보건대 처음에 孝·弟·慈로써 가르침을 세우는 근본을 삼았으니 이것은 仁을 베푸는 일이고, 또 恕와 絜矩를 말하는 것은 仁을 베푸는 요체가 여기에 있음을 밝힌 것이니, 絜矩가 곧 恕이다. 공자께서 仁者는 자기가 서고자 하면 남을 서게 하고 자기가 통달하고자 하면 남을 통달하게 하시고, 가까이에서 비유를 취할 수 있다면 仁의 방도라 하셨다. 정자는 공평하여 남에게서 체득하는 것이므로 仁이 되니, 다만 공변되면 物과 我를 함께 비칠 수 있으므로 仁으로써 恕할 있고 愛할 수 있는 것이니 恕는 仁의 베풂이요 愛는 仁의 用이라 하였다. 주자는 仁은 人心의 고유한 이치요 공변됨은 仁의 前에 있고 恕와 愛는 仁의 뒤에 있으니, 公하면 仁할 수 있고 仁하면 愛하며 恕할 수 있다. 그렇다면 仁의 體와 用은 다만 公과 愛이고 그 시행은 恕라 하였다. 章 안의 간곡하게 반복한 뜻이 세 가지(公, 愛, 恕)에서 벗어나지 않으니, 仁이 治國 平天下의 本이요 仁을 베푸는 요체도 絜矩에 있음을 볼 수 있다. 반드시 孝·弟·慈로써 먼저 하는 것은 孝·弟·慈가 仁을 행하는 근본이기 때문이니 근본이 섬에 미루어 백성에 미쳐서 천하 사람으로 하여금 각기 부모를 親愛하고 어른을 공경하고 자제를 慈愛하게 한다면 만방이 화합하고 서민이 악을 버리고 선을 행하여 화평해져서 천하가 태평할 것이다. 이미 仁과 不仁이 국가 흥망의 기미임을 말하고, 또 堯舜과 桀紂의 정사를 말하여 만세에 경계를 내렸으니 聖賢의 뜻을 단연코 알 수 있다. 「如保赤子 民之父母」라 한 것은 慈愛之心이 至誠에서 발로한 것으로 仁의 지극인 것이고, 〈節南山〉節에서 마음을 공평하게 가지지 못하여 好惡의 마음이 자기의 사사로움에 치우침에 따르니 不仁의 화의 단서임을 말한 것이다. 세 번이나 득실을 말한 것은 人心 天命의 거취가 이 마음의 있고 없는 기미에 의해 결정되니 仁과 不仁의 증험임을 말한 것이다. 맹자께서 하·은·주 삼대가 천하를 얻은 것은 仁한 때문이고 천하를 잃은 것은 不仁한 때문이라고 하셨으니, 정히 이를 말한 것이라 하겠다. 또 外本 內末의 경계에 대해 간곡히 말하고 사악함은 물리치고 어짊은 나아가게 하는 뜻에 대해 간절히 말하였으니, 仁과 不仁을 말하지 않은 것이 없다. 대개 仁人의 마음은 愛와 公일 뿐이니 사람과 만물을 愛育하여 자기와 한 몸처럼 여기므로 자기에게는 간략(約)하고 타인에게는 厚하여 조금도 탐하여 인색함이 없어서 서민이 그 은택을 입고, 오직 지극히 공평하고 사사로움이 없어서 좋아하고 미워함이 올바름을 얻음으로 현인을 등용하고 사악한 이를 물리침에 결단하여 주저함이 없어서 천하가 그 명철함을 따랐으니, 不仁한 자는 이와 반대였다. 이어서 백성의 聚·散과 財貨의 出·入을 말하고 또 好·惡의 마음이 인성을 어기면 재앙이 그 자신에 미치게 됨을 말하였으니 그 말이 명백하고 준엄하여 사람을 감동시킬 수 있는 것은 모두 仁과 不仁의 증험을 밝혔기 때문이다. 말이 이에 이르렀음에도 오히려 사람들이 그 뜻을 깨달지 못할까 염려하여 마침내 仁者는 재물을 써서 자신을 일으키고, 不仁者는 자신을 망치면서 재물을 모은다는 것을 말하고, 또 윗사람이 仁을 좋아하면 아랫사람이 仁을 좋아하지 않을 자는 없다고 하였으니, 권계하는 뜻이 또한 매우 절실하고 분명하다고 하겠다. 章末에 소인이 이득을 탐하는 害를 거듭 말하여 깊이 경계하였으니, 대개 군주가 소인을 임용하여 세금을 가혹하게 거두어 백성을 해쳐서 어진 정치에 해가 됨을 두려워한 것이다. 옛날의 성현은 천하 후세를 위한 사려가 심원하였으니, 맹자께서 梁惠王에게 仁義를 행할 것을 권하면서 이익을 추구하는 폐해를 극진히 말씀하셨으니, 또한 이 章의 뜻을 깊이 체득하신 것이다. 아! 周代이래로 수천 년 동안에 국가와 천하를 차지한 군주가 이 글(大學)을 읽지 않은 이가 없지마는, 이 章의 본래의 뜻을 깊이 안 이가 적었다. 그러므로 정치가 오로지 살육과 형법을 일삼았지 仁에 뜻을 둔 자는 적었으니, 秦·晉·魏·隋의 滅亡과 南北朝 五季의 亂은 모두 이에 기인된 것이었다. 漢·唐·宋이 가장 길었지만 祖宗들은 仁으로써 나라의 기틀을 개창하였고 자손들은 마침내 不仁으로써 멸망하였으니, 이는 만세의 거울이 된다. 진실로 이 글(大學)을 읽는 사람으로 하여금 천하와 국가의 治亂·興亡과 天命과 人心의 去就·離合이 한결같이 군주의 仁하고 不仁한데 매였음을 깊이 밝혀서 두려워 경계하고 살펴서 항상 이 마음을 간직하여 잃지 않게 하였다면, 어찌 환란과 패망이 이 지경에 이르렀겠는가? 聖經 賢傳의 中에 한 글자라도 뜻이 밝지 못하면 폐해가 백성에게 미치고 재앙이 후세까지 이르는 법이니, 가히 소홀히 할 수 있겠는가? 대개 大學의 法은 궁리·정심하여 수신하고 수신하여 국가·천하에 미치는 데 있다. 궁리는 仁을 구하는 것이요 仁은 人心이니 마음을 올바르게 얻으면 곧 仁이다. 수신으로 말미암아 家에 미치고 齊家로 말미암아 나라와 천하에 미치는 것이 어찌 다른 것이 있으리요? 또한 이 마음뿐인 것이다. 그러므로 주자가 格物·致知는 仁을 求하는 것이라 하고, 또 絜矩는 仁을 구하는 공부이니 바로 이에 힘써야 한다고 하고, 또 천하를 다스리는 자가 이 마음을 잘 보존하고 잃지 않는다면 絜矩로써 백성과 같이 하고자 하는 마음을 저절로 그만두지 못할 것이라 하였으니, 이른바 이 마음을 보존하는 것이 仁이라는 것이다. 다만 말을 다 표현하지 않고 편안의 仁字 뜻을 풀어 놓은 것이 없어서 그것으로써 독자가 仁이 어떠한 것인지를 모르니 어찌 仁이 치국평천하의 근본임을 알 수 있겠는가? 여러 유학자 학설에도 이를 언급한 자가 없는데 다만 眞西山이 성인이 아니면 恕로 因하지 않고서 仁에 이를 자는 없다고 하였다. 맹자께서 恕를 힘써 行하면 仁을 求함이 이보다 더 가까운 것이 없다 하셨으니, 仁에 뜻을 둔 자는 마땅히 천지간에 나와 같이 살아가는 것이 한 몸이 아닌 것이 없음을 알아야 할 것이다. 體가 동일하면 性도 동일하고 性이 동일하면 情도 동일한 것이니, 그 마음을 공평하게 하여 반드시 고르게 치우침과 인색함이 없고 방정하여 치우치고 어긋남이 없을 것이요 이 이치로 나간다면 한 물건도 마땅함을 얻지 못할 것이 없으리니, 이것이 이른바 絜矩의 道인 것이다. 또 仁을 구함은 마땅히 絜矩로 시작하여 그 단서를 미루어 나가고 義와 利의 분별을 스스로 밝히는 것이라 하였으니, 비로소 성현이 가르침을 세운 본래의 뜻을 깊이 터득했다고 할 수 있다.

　혹자가 묻기를 "그대의 의론이 근사한 듯하지만, 주자가 높고 밝고 깊게 나아간 학문으로도 그 평생 힘을 이 글에 다 쏟아 정미한 곳을 깊이 탐구하여 거의 숨겨진 것이 없는데, 지금 외딴 곳에 사는 그대가 말엽만 추구하는 학문의 좁고 얕은 견해로 경솔하게 聖經 賢傳의 착오를 거론하고, 또 先儒가 발명하지 않을 것을 말하였으니 범한 적이 없는 나쁜 죄를 얻어서 천하 후세에 비난을 받으려 하는가?" 하거늘, 나는 대답하기를 "이 말은 진실로 그럴 수 있다. 그러나 이 유학의 글의 이치는 고금에 차이가 없고 어질고 어리석은 차이도 없으니 이것이 곧 천하의 공평함이요, 내가 사사로이 할 수 있는 것이 아니다. 이치가 만물에 산재하기 때문에 비록 어리석은 사람도 알 수 있는 것이 있고, 지극한 경지에는 비록 성인이라도 다 알지 못하는 것이 있다. 그래서 성현이 저술한 경전은 앞뒤의 여러 선비가 演繹함을 기다린 뒤에야 그 뜻이 구비되는 것이다. 나의 우매하고 고루한 배우지 못한 얕은 식견으로 감히 여러 현인들의 반열에 끼지도 못하지만, 어릴 때부터 이 글을 읽으면서부터 의심이 있었고, 근래 궁적한 가운데에 침잠하여 터득한 것이었는데, 정자·주자의 문하에 가서 의문을 질정하지 못하는 것이 한스럽다. 비록 소견이 道에 합하지 않는지는 알 수 없으나, 내가 생각하여 얻은 것이 만에 하나 성인의 문하의 가르침에 도움이 될 것 같아서 좁은 견해나마 대충 기록하여 후세의 군자에게 질정을 기다리는 것이다."라고 하였다.

夫決: 果決이란 뜻. (易經)君子夫決

掊克: 세금을 중과세하는 일.

南北朝: 中國의 東晉의 末期로부터 隋의 統一에 이르기까지 南北對立時代 百五十年間을 가리킴.

五季: 唐末에서 宋代까지에 이르는 동안의 後梁, 後唐, 後晉, 後漢, 後周의 五王朝를 이른 것임.

眞西山: 眞德秀를 가리킴. 宋나라 浦城사람으로 字는 景元인데 뒤에 다시 景希라 하였다.

穹壤: 天壤과 같은 말로 天地란 뜻. (晉書)穹壤俟其交泰

不韙: 不是와 같은 말이니, 즉 옳지 않다는 뜻. (左傳)犯五不韙 而
以伐人

❊ 晦齋의 『大學』註釋에 관한 研究[1]

〈목 차〉

Ⅰ. 序 論
Ⅱ. 晦齋의 『大學』理解
  1. 『大學章句補遺』의 編次
  2. '聽訟' 節에 관한 見解
  3. '格物致知'에 관한 見解
  4. 至善과 治國平天下의 註釋

Ⅲ. 結 語
  〈參考文獻〉

---

[1] 본 논문은 晦齋 李彦迪의 저서인 〈大學章句補遺〉와 〈續大學或問〉을 분석 정리하여 그의 경학사상의 특징을 고찰한 것으로, 한국사학사학보 제9집에 게재한 논문임.

I. 序　論

　　韓國儒學史에서 16世紀는 큰 의미를 갖는다. 조선의 건국 이래 지도이념이었던 朱子學이 韓國 哲學으로서 獨自性을 갖는 이론적 심화가 이루어졌던 時期이기 때문이다. 이 時期에 그 주역을 담당한 인물 중 한 사람이 晦齋 李彦迪이다. 晦齋는『大學』·『中庸』의 經典註釋을 再檢討하였을 뿐만 아니라, 16世紀 士林派의 代表的인 人物로서 至治主義의 이론적 체계를 확립시킨 최초의 학자라고 할 수 있다. 또한 그는 孔孟의 先秦儒學을 繼承한 學者로서 그 학문을 深化發展시켰을 뿐 아니라 曺漢輔와의 無極太極論辯을 通하여 朱子學의 形而上學的 理論을 연구한 朝鮮性理學의 先驅者이다. 晦齋는 中宗 9年(1514) 文科에 及第한 후 司憲府 持平과 司諫을 역임하던 중 金安老의 재등용을 반대하다가 관직에서 물러났으며, 金安老 死後에 재등용되어 弘文館 부교리를 거쳐 直提學에 이르렀다. 이후 中宗 말년까지 20여 년간 가장 활발한 정치활동을 전개하였다. 그러나 文宗初 乙巳士禍의 여파인 良才驛 壁書事件에 연루되어 江界에 유배된 뒤 저술 활동에 주력하다가 一生을 마쳤다.

　　晩年에 江界 유배지에서 平生을 닦아온 학문을 글로 남겼다. 특히『大學』과『中庸』은 ‘修己治人’에 대한 理論을 體系的으로 진술하고 있다고 하여 『大學章句補遺』·『續大學或問』 그리고 『中庸九經衍義』 등을 저술하였다. 16세기 儒敎 統治理念이 제대로 실행되지 않아 國政運營의 主導權 爭奪과 腐敗와 社會的 불안을 초래했다고 판단하고 理念實現의 구체적 대안으로『大學』과 『中庸』에 담긴 治道理論을 君王에게 제시하고자 하였던 것이다.

晦齋의 經學思想도 朱子學을 토대로 발전시킨 것이나 다른 學者와는 달리 獨創的인 면을 내포하고 있다. 『大學章句補遺』는 朱子의『大學章句』를 자기 관점에서 編次를 재개정한 것으로 그의 獨創性을 살필 수 있다. 특히 자신의 견해와 일치하지 않는 것은 설사 그것이 朱子의 學說이라고 하더라도 취하지 아니하였다. 晦齋의 이러한 특징은 朱子學을 주체적으로 이해하고 그의 創意性을 발휘한 업적이라 할 수 있다.

本考에서 晦齋의 『大學章句補遺』와 『續大學或問』에 대한 檢討를 통하여 晦齋의 『大學』註釋에 대한 理解와 朝鮮 性理學의 發展過程에서 晦齋가 차지하는 經學史的 位置를 考察해 보고자 한다.

Ⅱ. 晦齋의 『大學』理解

1. 『大學章句補遺』의 編次

晦齋는 明宗 初의 良才驛 壁書事件에 연루되어 江界로 귀양을 간 뒤, 流配地에서 『大學章句補遺』·『續大學或問』을 지었다. 晦齋는 『大學』이 孔子로부터 시작하여 宋代 程子·朱子로 이어지는 소위 '道統의 傳'으로 계승된 것이라고 보고, 『大學』의 著者를 曾子와 그의 門人으로 보고 있다.

晦齋가 『大學章句補遺』에서 대체적으로 朱子의 『大學章句』를 따르고 있지만, 編次와 格物致知에 대한 認識에서는 朱子와 見解를 달리하기 때문에, 경학적 관점에서 논의는 분분한 실정이다.

1) 『大學章句』와 『大學章句補遺』의 比較

朱子의 『大學章句』와 晦齋의 『大學章句補遺』의 구조를 비교해 보면 상이한 점이 몇 가지 있다. 晦齋도 『大學』을 經文과 傳文으로 나누어 보고 있으면서도 朱子의 編次를 수정한 내용은 다음 두 가지로 볼 수 있다.

첫째 格物致知의 傳文은 원래 『古本大學』 안에 있다고 보고, '知止' 節과 '物有'節이 이에 해당된다고 하였다. 다만 '知止' 節과 '物有'節을 서로 位置를 바꾸어 놓았다.[2] 그리고 '此謂知本'을 衍文으로 보고, '此謂知之至也'를 結語를 삼았다.

둘째 '聽訟'節을 朱子는 傳4章으로 하여 '本末'을 해석한 것으로 보았으나, 晦齋는 이것을 經文의 마지막 結語로 보아[3] 朱子의 '本末'章을 없애고 전체 經1章, 傳9章으로 편정하였다. 이는 그가 '聽訟'節을 程伊川의 改本에 근거하여 經文에 넣은 것이다.

우선 첫째 문제에 대해 晦齋는 『大學章句補遺』序에서 다음과 같이 설명하고 있다.

다만 恨되는 것은 聖經 賢傳의 글이 斷篇缺字가 없을 수 없고 文辭의 意義도 따라서 완전하지 못하여 學者가 완전한 글을 얻어 볼 수 없으니 이것이 진실로 千古의 遺憾인 것이다. 朱子가 그 '맺은말' 한 句를 얻어 그것이 格物致知의 뜻을 해석한 것인 줄 알았으나 그 앞부분 글을 얻지 못했으므로 마침내 程子의 뜻을 취하여 그것을 補充하였으니 初學에 있어서의 窮理의 요령을 발명한 것은 매우 잘 갖추어졌다. 그러나 나는 일찍이 『大學』을 읽다가 이 章에 이르러 언제나 本文을 얻어 볼 수 없는

---

2) 이 점은 中國의 蔡淸(號 虛齋, 明人)의 說과 같다.
3) 退溪는 '聽訟' 節 역시 修己治人에 本末이 있다는 것을 말한 것이라 보고, 그것 역시 綱領의 맺은말로 보아야 한다고 한다. 그리고 經文에 비록 本末에 대한 말이 없어도 學者가 修己治人에 있어 本末을 모르면 안 되므로 傳者가 특별히 本末 두 字를 들어내어 설명하였다고 한다. 朱子를 그대로 따르고 있다. 『退溪先生文集』 內集, 『退溪全書』上 所收, p.304. 栗谷은 '聽訟' 한 節을 별도로 釋本末章으로 만든 것을 평소 옳지 않다고 생각하였다 하면서, 晦齋처럼 그것을 經文의 끝에 넣지 않은가 본다고 한다. (『栗谷全書』, 卷14, 「晦齋大學章句補遺後議」 參照)

점을 한탄하였다. 근세에 와서 中國에 大儒가 있어 그 闕文을 篇中에서 얻어 다시 『大學章句』를 著述했다는 말을 듣고 그것을 얻어 보고자 하였으나 되지 않았다. 이에 감히 나의 臆見으로써 經文 중의 두 節을 취하여 '格物致知'章의 글로 만들었는데, 마치고 난 뒤에 반복 완미하여 본즉 文辭도 만족스럽고 意義도 명백하여 經文에도 결점이 없으면서 傳文에도 보충이 되고, 또 上下 文義와도 脈絡이 통하게 되었으니, 비록 晦庵(朱子)이 다시 세상에 나더라도 또한 이것에서 취함이 있을 것이다.4)

여기서 朱子가 '此謂知之至也'를 格物章의 結語로 보아 補傳한 것을 회의적으로 생각하던 중 經文의 '物有'節과 '知止'節한 二段을 格物의 傳文으로 編次를 고침으로써 朱子의 補傳을 부정하고 있다.

그다음 둘째 문제에 대해서도 晦齋는 '聽訟' 一節은 孔子의 말이고 또 그 내용으로 보아 經文에 들어가야 옳으며, 『中庸』과 程子(伊川)의 改本이 그것을 뒷받침하고 있다고 말하고 있다.

晦齋에게 師事한 바 있는 盧守愼5)은 『大學章句補遺』跋文에서 이 사실을 中國 諸儒와 비교하면서 다음과 같이 簡明하게 說明하고 있다.

이에 董文靖公은 특히 '知止', '物有', '聽訟' 세 節을 拈出하여 '格物致知'의 傳文을 만들었고6) 王栢 · 黃震 · 宋濂 · 方孝儒 · 蔡淸 등의 견해도

---

4) 『大學章句補遺』 大學章句補遺序 "獨恨聖經賢傳之文 不能無斷缺 辭義未完 學者不得見全書 此眞千古遺憾 朱子得其結語一句 知其爲釋格物致知之義 而未得其文 遂取程子之義以補之 其所以發明始學窮理之要 亦甚明備 然愚嘗讀至於此 每歎本文之未得見 近歲聞中朝有大儒 得其闕文於篇中 更著章句 欲得見之 而不可得 乃敢以臆見 取經文中二節 以爲格物致知章之文 旣而反覆紊玩 辭足義明 無欠於經文 而有補於傳義 又與上下文義 脉絡貫通 雖晦庵復起 亦或有取於斯矣"

5) 盧守愼(1515~1590, 字 寡悔, 號 蘇齋)은 27세 때에 晦齋에게 存心의 要를 물은 일이 있다고 한다. 『東儒師友錄』 『國朝人物考』 參照.

모두 다 같았다. 오직 虛齋(蔡淸)만은 中間의 '物有' 節로써 첫머리에 두었으니 우리 先生님의 학설과 부합되었다.[7] 다만 우리 선생님이 그 末節(聽訟)로 首章의 經文에 連結시키어 結語를 만들면서 "程子를 따른다"고 한 것은 그들과 다른 점이다.[8]

晦齋는 물론 '聽訟' 節을 經文으로 넣어 修身을 말하는 '爲本'節과 연결시켰다. 이는 朱子 및 中國 諸儒에 비교해 보면 그 內容으로 보아 '格物致知'의 傳文은 아니라고 한 점은 매우 독창적인 見解임이 分明하다.[9] 이에 대한 晦齋의 論辨이 『續大學或問』에 자세히 언급되고 있다.[10]

이제 『大學章句補遺』와 『續大學或問』을 分析하면서 앞에서 말한

---

6) 董文靖公은 宋人 董槐인데, 그는 經文이라고 朱子가 보았던 "知止而后有定……則近道矣" 42字를 "子曰 聽訟……此謂知本" 앞에 옮기고 이것을 傳4章으로 하여 格物致知의 傳文으로 보았다. 宋人 葉夢鼎·王栢 등도 같은 설을 주장하였다.(蔡仁厚, 『宋明理學(南宋篇)』p.166 參照)

7) 蔡淸은 "物有本末……則近道矣"와 "知止而后有定……慮而后能得"을 순서를 바꾸어 놓고, 그다음에 '聽訟'節을 잇고, 또 그다음에 "此謂知之至也"를 이어 이것으로써 格物傳文으로 보았다. "知止而后有定……慮而后能得"과 "物有本末……則近道矣"의 前後節을 倒置한 것이 晦齋와 같다는 말이다.(蔡仁厚, 『宋明理學(南宋篇)』 p.166 參照)

8) 『大學章句補遺』, 大學章句補遺跋 "乃董文靖公 特拈知止物有聽訟三節 爲格致傳如王黃宋方蔡公 諸見皆同 惟虛齋 以中節居首 至吾先生說 與之暗合若符節 但斷以其末節 上係經文爲結語 曰從程子者爲獨異"

9) 近者의 唐君毅 같은 이는 '聽訟' 節은 그 내용상 格物致知의 傳文은 물론 아니고, 그것은 '誠意' 傳文으로 보아야 한다고 한다. 이 小節의 뜻은 능히 誠意하여 盛德至善에 이르러 백성들을 感化시키게 되면 무고한 말로 爭訟을 일으키지 못하게 만든다는 것이므로 誠意의 效果를 말한 것으로 보아 '誠意' 章에 속하여야 한다고 한다. 唐君毅, 『大學章句辨證及格物致知思想之發展』, (中國哲學原論, 導論篇) p.180 參照.

10) 이동희, 「李晦齋의 經學思想」 –『大學章句補遺』의 分析–(『晦齋 李彦迪의 哲學과 政治思想』, 默民記念事業會, 博英社, 2000) p.222-227 參照.

두 가지 編次 수정문제를 비롯하여 晦齋의 『大學』에 대한 全般的인 見解를 『續大學或問』의 敍述 順序에 따라 살펴보기로 한다.

2) 『大學章句補遺』의 編次와 改訂의 論據

晦齋가 개정 編次한 『大學章句補遺』의 特徵은 『大學章句』의 '聽訟' 節을 經文의 結語로 삼은 것과, '知止'節을 '物有'節과 단락을 바꾸어 '此謂知本 此謂知之至也'를 합하여 格物致知를 해석한 傳4章으로 삼은 것이다. 곧 그는 『大學章句』의 傳4章을 없애고, 經1章·傳9章으로 나누었다.

그러면 그가 編次를 개정한 것에 대해 자세히 살펴보기로 하겠다. 우선 '聽訟' 節을 經文의 結語로 삼은 점에 대하여 살펴보기로 한다.

晦齋는 개편의 근거로 程伊川이 이 절을 經文 末尾로 옮겨 놓은 것11)과 『中庸』卒章에서 子思가 『詩經』의 詩를 引用한 뒤 孔子의 말을 끌어다 증명했다는 점을 들었다.12) 그러나 이 대목의 개정 論據는 후자에 중점을 두고 있다. 晦齋는 옛날 사람들이 祖述하여 지을 때에는 옛 성현의 말을 취해 결론을 맺었던 점을 强調하면서 『論語』·『中庸』·『孟子』에 그런 예가 많은 점을 들었다.13) 그도 朱子처

---

11) 程伊川은 '子曰 聽訟 吾猶人也……'를 '其所厚者薄 而其所薄者厚 未之有 也' 뒤로 옮긴 뒤, 중복되는 '此謂知本' 4자를 빼고 뒤의 '此謂知本 此謂 知之至也'를 합해 經文으로 삼았다.

12) 『大學章句補遺』, 大學章句補遺序 "又按聽訟一節 今在傳三章之後 文義不 屬 有可疑者 乃依程子所定 置於經文之下 詳味其義 與中庸卒章 〈詩曰〉 予懷明德 不大聲以色 子曰 聲色之於以化民 末也 〈詩曰〉 奏假無言 時靡 有爭 〈是故 君子〉 不賞而民勸 不怒而民威於鈇鉞之意合 此蓋聖人端本化 民之要道也 故曾子於經文末章 引孔子之言以明之 程子於此 豈無所見乎"

13) 『續大學或問』 "日古人述作 必取古昔聖賢之言 以結之 如孔門弟子述論語

럼 『大學』의 經文은 孔子의 말을 曾子가 祖述한 것이고, 傳文은 曾子의 뜻을 문인들이 記錄한 것으로 보았다. 그런 觀點에서 그는 다른 經傳과 마찬가지로 曾子가 孔子의 말을 引用해 結論지은 것이라고 확신하였다.14)

　다음으로 '知止'節을 '物有'節과 차례로 바꾸어 옮겨 '此謂知本 此謂知之至也'를 합하여 傳4章으로 삼고 格物致知를 해석한 것으로 보았다. 그는 中國의 大儒가 그 格物致知의 闕文을 篇中에서 얻어 다시 章句를 저술했다는 말을 들었으나 그 글을 볼 수가 없어 臆見으로 經文의 두 절을 취해 格物致知章을 삼았다고 술회하였다15)고 그 직접적인 동기를 저술하고 있다.

　그러면 晦齋는 무슨 근거로 經文에 들어 있던 '知止而后有定 …… 慮而后能得'을 '物有本末…… 則近道矣'의 차례로 옮겨 순차를 바꾸고, '此謂知本 此謂知之至也'을 합하여 傳4章으로 삼았는가? 그는 "致知의 要點은 父止於慈 子止於孝의 類처럼 마땅히 至善이 있는 바를 아는 것이다"라는 程伊川의 말과 "'知止……'라고 한 것은 物이 이른 뒤에 知가 지극해져서 천하의 일에 모두 그 至善이 있는 바를 앎이 있는 것이다"라는 朱子의 말을 格物致知를 解釋한 말로 보았다.16)

　　二十篇 終之以堯舜之言 以明聖學之淵源 有自來也 子思作中庸 或於章首 或於章末 多引孔子之言 以證之 至於卒章 又引詩及夫子之言 以終之 所以 明一篇之旨 皆本於夫子之所傳也 孟子七篇之中 亦多此例 曾子述大學經文 章末引孔子之言 以結之者 亦此意也"

14) 『大學章句補遺』 "謹按 經文蓋曾子述夫子之意而立敎 故章末引夫子之言以 結之"

15) 『大學章句補遺』, 大學章句補遺序 "愚嘗讀至於此 每歎本文之未得見 近歲 聞中朝有大儒 得其闕文於篇中 更著章句 欲得見之 而不可得 乃敢以臆見 取經文中二節 以爲格物致知章之文"

16) 『續大學或問』"又曰 致知之要 當知至善之所在 如父止於慈 子止於孝之類

곧 晦齋는 이 節 첫 구의 '知止而后有定'의 '止'를 '止於至善'으로 보았는데, 朱子는 '止'를 '所當止止地 卽至善之所在也'로 보고 '致知'를 '至善之所在'로 보았다.

이처럼 이 節을 格物致知를 해석한 것으로 보고 '此謂知本 此謂知之至也'와 합하여 한 장으로 만들었다. 그리고 뒤의 八條目을 해석한 첫 구의 형식처럼 '物有本末' 앞에 '所謂致知在格物者'라는 8字가 있었는데 逸失된 것으로 보았으나,[17] 그의 '格物'章은 '所謂致知在格物者 物有本末 事有終始……慮而后能得 此謂知本 此謂知之至也'로 되어 있다.

晦齋의 이 說은 董槐·王柏·蔡淸·唐君毅 등의 解釋에서 확인할 수 있는바, 충분히 客觀的인 說得力을 갖는다.

2. '聽訟' 節에 관한 見解

晦齋가 『大學』의 '聽訟' 節을 經文의 末尾에다 옮겨 놓은 것에 대해서는 經文의 '修身爲本'과의 연관에 그 근거를 두고 있다. 晦齋 자신이 『大學章句補遺』에서 이 節에 自註하여 "天下의 근본은 國에 있고 國의 근본은 家에 있고 家의 근본은 身에 있으니, 능히 身을 修하고 家를 正하여 政事에 베풀어 나가면 民德이 스스로 새로워져서 爭

朱子又言 知止云者 物格知至 而於天下知事 皆有以知其至善之所在也 則
程朱亦以此兩節爲格物致知之意 明矣"

17) 『大學章句補遺』 傳4章 註釋 "章首疑有所謂致知在格物者八字 而今亡矣"

訟이 없어질 것이다"[18]라고 하여, 爲政者가 修身을 근본으로 삼아 이에 주력할 때 그 效用이 '無訟'에 이르게 됨을 밝혀 '修身爲本'의 節에 연관시킨 것이다. 그는 또 經典의 構成體系나 文理上으로 이렇게 볼 수밖에 없다는 견해를 피력하여 『論語』에도 二十篇을 기술함에 堯舜의 말로써 맺어 聖學의 淵源이 이에서 유래됨을 밝혔고, 子思가 『中庸』을 지을 때도 章首와 章末에 孔子의 말을 인용하여 증명한 것이 많고, 卒章에 이르러 詩와 孔子의 말로서 結語로 삼아서 한 篇의 뜻을 밝힌 것은 다 孔子의 전한 바를 根本한 것이라고 하였으며,[19] 또한 文理上으로도 朱子의 編次에서 이 '聽訟' 一節만이 傳三章의 뒤에 있음으로써 위아래로 삼강령과 팔조목의 文義와 전혀 연속이 되지 않는다고 밝히고 있다.[20]

원래 '聽訟' 一節은 『古本大學』에는 錯簡되어 '止於至信' 아래 있었는데, 程伊川이 改本을 만들어서 經文의 끝으로 옮겼고,[21] 朱子는 傳4章으로 삼은 것이다. 晦齋가 程子의 說을 따르는 근거는 다음 두 가지로 제시되고 있다.

첫째 古人이 述作할 때에는 옛 聖賢의 말을 結語로 삼는 수가 많기 때문에 曾子도 『大學』을 記述할 때 그렇게 했으리라는 것이다. 晦

---

18) 『大學章句補遺』"天下之本在國　國之本在家　家之本在身　故有能修身正家
　　以施于政　則民德自新　而爭訟息矣"
19) 『續大學或問』"古人述作　必取古昔聖賢之言以結之　如孔門弟子　述論語二
　　十篇　終之以堯舜之言　以明聖學之淵源有自來也　子思作中庸　或於首章　或
　　於章末　多引夫子之言以證之　至於卒章　又引詩及夫子之言以終之　所以明一
　　篇之旨　皆本於夫子之所傳也"
20) 『續大學或問』"且深味傳文　未有文理不屬　而脈絡不貫者　獨此一節　置於傳
　　三章之後　與上下文義　都不相屬"
21) 『大學或問』"聽訟一章　鄭本　元在止於信之後　正心修身之前　程子又進而置
　　之　經文之下　此謂知之至也之上"

116

齋는 말하기를,

古人이 述作할 적에 반드시 옛 聖賢의 말을 取하여 結語로 만들었다. 그 예로 孔子의 弟子가 『論語』二十篇을 記述하면서 堯·舜의 말로써 結語로 삼아 聖學의 淵源이 근원이 있음을 밝혔고, 子思가 『中庸』을 지을 적에 혹은 章首에든지 혹은 章末에든지 孔子의 말을 引用하여 증거한 것이 많았으며 卒章에서 詩와 孔子의 말을 인용하여 結語를 만들었으니 『中庸』一篇의 뜻이 모두 孔子의 전한 바에 根本한 것임을 밝힌 까닭이다. 『孟子』七篇 중에도 또한 이러한 예가 많았다. 曾子도 『大學』을 記述할 적에 經文의 章末에는 孔子의 말을 인용하여 結語로 한 것 또한 이러한 뜻이다.[22]

라고 하였다.

둘째 『大學章句』의 '本末' 章에 대한 타당성 여부이다. 文理上으로도 前後와 접속이 잘 되지 않고, 또 三綱領·八條目을 해석하고 있으면서 그 綱領·條目과는 상관없이 '本末' 章이 들어가 있다는 것이다. 이 점에 대해 晦齋는,

朱子의 『大學章句』의 傳文을 깊이 吟味하여 보면 文理가 連續되지 않고 脈絡이 貫通되지 않는 것은 없는데 다만 이 한 節만이 傳三章의 뒤에 있으므로 위아래의 文義와 전혀 連續되지 않는다. 또 『大學』의 書가 처음에 '明明德', '新民', '止於至善'을 설명하여 한 篇의 綱領으로 삼고 다음에 八條目을 설명하여 三綱領의 뜻을 밝히고 또 傳義를 만들어 三綱領·

---

22) 『續大學或問』"曰古人述作 必取古昔聖賢之言以結之 如孔門弟子 述論語二十篇 終之以堯舜之言 以明聖學之淵源有自來也 子思作中庸 或於章首 或於章末 多引夫子之言以證之 至於卒章 又引詩及夫子之言以終之 所以明一篇之旨 皆本於夫子之所傳也 孟子七篇之中 亦多此例 曾子述大學 經文章末 引孔子之言以結之者 亦此意也"

八條目의 뜻을 發揮시켰으니, 그 중간에 별도로 한 章을 만들어 經文을 해석하여 本末의 뜻을 結語하지는 않았을 것이다. 이제 程子가 編定한 바에 의거하여 經文의 아래에 두면 이 한 節이 한 章의 結語가 되어 文義가 절실하고 의미도 깊게 된다. 소위 '使無訟'이란 것은 대개 治國·平天下의 道는 聽理의 밝음에 있지 않고 本源을 맑게 하여 人心을 감동시키는 데 있음을 말한 것이다.[23]

라고 하였다. 또 그는 『大學章句補遺』'聽訟' 節 註釋에서 다음과 같이 註釋하고 있다.

天下의 本은 나라에 있고, 나라의 本은 집에 있고, 집의 本은 몸에 있다. 그러므로 修身·齊家하여 그것이 政事에 시행되면 民德이 스스로 새로워져 爭訟이 없어진다. 마치 虞·芮의 人君이 田을 두고 爭訟을 하다가 文王의 德에 감화되어 文王에게 가서 중재를 감히 청하지도 못할 형세가 되었다는 말처럼 그 感化의 妙가 자연히 그렇게 된 것과 같은 것이다. 이것이 聖人의 明德·新民의 효험으로서 이것에 의해 天下가 和平해지는 것이다. '大畏民志'란 『中庸』에서 말한바 人君이 賞주지 않아도 백성들은 힘쓰며, 성내지 않아도 백성들은 그를 도끼보다 더 두려워한다는 뜻이다.[24]

---

23) 『續大學或問』"且深味傳文 未有文理不屬 而脈絡不貫者 獨此一節 置於傳三章之後 與上下文義 都不相屬 又見大學之書 首言明明德新民止至善 以爲一篇之綱領 次言八條目 以明三綱領之義 又爲傳義 以發揮三綱領八條目之意 不應其間別爲一章 以釋經文 結語本末之義也 今依程子所定 而置於經文之下 則此一節爲一章之結語 文義要切 而意味深長 所謂使無訟者 蓋言治國平天下之道 不在於聽理之明 而在於端本淸源而感人心也"

24) 『大學章句補遺』"天下之本在國 國之本在家 家之本在身 故有能修身正家 以施于政 則民德自新 而爭訟息矣 如虞芮[1]質成 不敢履文王之庭 感化之妙 自有不期然而者 此乃聖人 明德新民之效 而天下之所由平也 大畏民志 如中庸所謂 不賞而民勸 不怒而民威於鈇鉞之意"

라고 하여 그것이 治國의 要點이기 때문에 經文이 틀림없다고 확신하였다. 이는 '聽訟' 節은 綱領 條目에 들어 있지 않고, 내용상으로 볼 때 明德, 新民의 效用이라고 판단하여 經文의 結語임을 확신하면서 朱子가 다시 태어나면 이를 취할 것이라고 자부한 것이다.

3. 格物致知에 관한 見解

晦齋는 大學章句改訂에 대해 確信을 가졌고, 特히 格物致知傳은 "朱子가 다시 살아오더라도 이에서 取할 바가 있을 것이다."[25] 라고 하여 『大學章句補遺』에서 格物致知를 補遺하였는데 그의 견해가 지닌 特徵을 다음과 같이 살펴볼 수 있다.

1) 物兼事

朱子는 『大學章句』에서 '物有本末'로 三綱領의 結文을 삼았고, 格物致知의 뜻은 따로 補亡章을 만들어 서로 다른 立場에서 말한 物을 말하였다. 晦齋는 이에 대해 『大學章句補遺』는 '物有' 一節에 '知止' 一節을 더하여 格物致知傳으로 삼음으로써 동일개념의 物로 보고 있다. 物과 事의 關係도 朱子는 '物猶事'로 表現하였으나 晦齋는 '物卽兼事'로 表現하였다. 이 節에서 그 差異點을 比較하면 晦齋哲學의 特

---

25) 『大學章句補遺』, 大學章句補遺序 "晦庵復起 亦或有取於斯矣"

性을 살펴볼 수 있을 것으로 본다.

'物有' 一節에 대한 朱子의 見解는 앞 節에서 자세히 說明하였다. '格物致知'에 대해 살펴보면 '致知在格物'의 註에서 "格은 至이다. 物은 事와 같다. 事物의 理를 窮至하여 그 窮極處에 이르지 않음이 없도록 하려 한다"[26]고 했고, '格物而后知至' 中 格物에 대해 註하여 "格物이란 것은 物理之極處에 이르지 않음이 없다"[27]고 했다. 이는 '物猶事'라 하여 人事의 問題와 關聯을 맺고 있으나 人事에 局限된 것이 아니라 存在自體로서의 物에 대한 問題까지 擴散시킨 것을 알 수 있다. 어떤 이들은 物을 六藝 또는 事理로 把握하기도 하지만[28] 朱子는 '格致補亡章'에서 '天下之物'과 '衆物'로서 表現하고 있으니, 이는 莊子가 存在自體로서의 物을 말한 것과 같이[29] "무릇 聲色과 形象이 있어 天地間에 가득 찬 것이 모두 物이다"[30]라고 한 것에서도 陽明學의 '物卽事'와는 다름을 알 수 있다. 물론 朱子도 도처에서 人事를 包含한 物을 함께 말하고 있으니 孟子 離婁下章에 '舜明於庶物'을 註하여 '物은 事物이다'라 했고, 또 告子上篇에 '耳目之官 不思而蔽於物'을 註하여 "무릇 事物이 이르매 마음이 그 할 바를 얻으면 그 理致를 얻게 되어 物이 가릴 수 없게 된다"[31]고 했다. 그러나 朱子의 格致說은 도덕적 지식의 객관성 확보와 절대성 부여에 있어서 그 외연을 千事萬物까지 극대화하고 있다.

---

26) 『大學章句』, 經1章 "格至也 物猶事也 窮至事物之理 欲其極處無不到也"
27) 『大學章句』 經1章 "格物者 物理之極處 無不到也"
28) 顧兆駿, 『儒家倫理思想』, 正中書局印行 p.74, 王雲五, 『先秦敎學思想』, 臺灣商務印書館印行 p.32.
29) 『莊子』 達生篇 "凡有貌象而色者 皆物也"
30) 『大學或問』 "凡有聲色貌象而盈於天地之間者 皆物也"
31) 『孟子』, 告子章句上 "凡事物之來 心得其職 則得其理而物不能蔽"

이러한 朱子의 見解에 對해 晦齋는 '物有' 一節을 格物에 대한 解釋으로 삼음으로써 결코 事를 배제하지 않은 物을 말하고 있다. 『大學章句補遺』의 '物有' 一節에 對한 注에서 "무릇 天下萬物庶事는 本末終始가 있지 않음이 없다"[32]고 했고, '知止' 一節에 대한 注에서 "方寸之間에 事事物物이 모두 定理가 있다"[33]고 하여 事物을 함께 말하고 있다.

그러나 그 輕重을 보면

> 致知의 要는 또한 마땅히 緩急先後의 序가 있어 가까운 데서 말미암아 먼 데에 이르고 人倫으로 말미암아 庶物에 이르니 반드시 至善의 所在를 보고, 그 止할 바를 아는 것이다. 몸과 마음의 日用之實에 절실한 것이지 外物이 아니다. 만약 이에 힘쓰지 않고 헛되이 萬物之理를 보려 하면 이는 바로 程子가 大軍을 몰아 너무 멀리 나가 노닐어 돌아올 바가 없다고 한 것과 같다.[34]

고 하여, 人事에 對한 探究에서 庶物에 미쳐 가는 것이니 다만 人事를 버리고 萬物之理를 얻을 수는 없다고 한다. 이것은 '物卽事'의 陽明學的 立場과는 다르니 物之理에 대한 探究를 人事를 중심으로 始作하려는 主體에 대한 强調로 볼 수 있다. 이른바 物이라 할 때 여러 가지로 分類가 可能하니 感覺對象으로서 實在하는 物體와 思惟對象으로서의 抽象的 槪念으로 나눌 수도 있고 知識探究의 對象과 道德

---

32) 『大學章句補遺』 "凡天下萬物庶事 莫不有本末終始"
33) 『大學章句補遺』 "方寸之間 事事物物 皆有定理"
34) 『大學章句補遺』 "致知之要 亦宜緩急之序 由近而及於遠 由人倫而及於庶物 必有以見至善之所在 知其所止 皆切於身心日用之實 而非外物也 若不務此 而徒欲泛然 以觀萬物之理 則正如程子所謂 軍之遊騎 出太遠而無所歸也"

倫理의 實踐對象으로 나눌 수도 있을 것이다. 晦齋는 오직 인간과의 關係속에 道德倫理의 實踐對象으로 物을 把握하였으며 이것은 外物에 대한 관심보다 人間主體의 內面에 대한 관심이 주를 이룬 晦齋의 哲學의 歸結이라 하겠다. 즉 '物有本末, 事有終始'를 아는 것이 바로 格物致知라는 것이다.

그다음 문제는 '物有本末, 事有終始'에서의 物과 事라는 개념의 內包와 外延 문제 및 이것과 '格物'의 '物'과의 관계에서의 문제이다. 그리하여 晦齋는 위 설명에 이어 "이 章의 旨는 格物致知를 주로 하였는데, 事를 겸해 말한 것은 무슨 이유인가"라 自問하고, 物과 事에 대해 말하기를,

> 天에 根本한 것으로써 말하면 物이라 이르고, 人이 作爲한 것으로써 말하면 事라 이르는데, 상대적으로 말하면, 物은 物이고 事는 事이다. 다만 物만을 말한다면 事가 그중에 있는 것을 겸하고 있다. 예를 들면, 君臣·父子·夫婦·昆弟·朋友는 物이고, 君臣의 義·父子의 親·夫婦의 別·昆弟의 愛·朋友의 信은 物의 理로서 事에 나타난 것이다.[35]

라고 하여, 이는 父子·君臣처럼 사람이 부여받은 신분 등이 物物이며, 慈·孝의 親과 禮·忠의 義 같은 당위적 도리가 事라는 것이므로 父子와 君臣을 말하면, 親과 義가 당연히 그 가운데 내재하고 있는 것을 겸한다는 것이다. 이는 朝鮮後期 西溪 朴世堂·茶山 丁若鏞 등의 物事論과는 견해가 다르다. 즉 그들이 '物'은 '意·心·身·家·國·天下'를, '事'는 '誠·正·修·齊·治·平'을 가리킨다고 본 데 대해

---

35) 『續大學或問』 "以其本於天者而言之 則謂之物 以其作於人者而言之 則謂之事 對言則物是物事是事 獨言物則兼事在其中 如君臣父子夫婦昆弟朋友 物也 君臣之義 父子之親 夫婦有別 昆弟之愛 朋友之信 物之理 而著於事者也"

晦齋는 五倫의 例를 들어 설명하면서 五倫의 인간관계의 지칭인 君臣·父子 등은 '物'이고, 義·親 등의 施行은 '事'라고 보았다. 즉 그는 '物·事'를 일반적인 모든 '事物'의 뜻으로 보았다.

晦齋는 이러한 物事論에 의거하여 本末도 "五倫의 理가 心에 存한 것은 本이고 事에 나타난 것은 末이다" 하는 식으로 本은 五倫에 대한 道德心의 內在, 末은 그것의 구체적 실천행위(事)라고까지 확대 해석한다. 이것은 앞에서 본 君臣·父子 등을 '物'로 볼 때의 '物有本末'의 설명과는 잘 연결되지 않는 것 같지만, 실은 이것은 晦齋가 '物·事'를 일반적인 '事物'로 본 데서 연유한 것이다. 그리하여 晦齋에게 있어서는 事物이 중요한 것이 아니라 이 事物의 條理가 더 중요시된다. 이에 대해 晦齋는 다음과 같이 말한다.

> 五者의 理가 心에 存한 것은 本이고, 事에 나타난 것은 末이다. 交際가 禮節에 있음에 어릴 때는 사랑할 줄 알고 長成해서는 공경할 줄 아는 것은 始이고, 각기 그 法度를 따라 그 道를 다하기를 終身토록 衰微해지지 않게 하는 것은 終이니, 心에 存하지 않고 그 事를 잘 처리하는 자가 없으며, 그 始를 먼저 하지 않고 그 終을 잘 처리하는 자도 없는 것이다. 그렇다면 "物有本末, 事有終始"의 뜻이 포함하는 바가 매우 광범한데, 朱子가 다만 '明德', '新民'으로써 物의 本末로 삼고, '知止', '能得'으로써 事의 終始로 삼았으니 그 뜻이 偏狹하고 두루 하지 못할 것이다.[36]

이어서 晦齋는 『論語』·『孟子』·『中庸』·『大學』·『詩經』·『書經』·

---

36) 『續大學或問』 "五者之理 在乎心者 本也 顯於事者 末也 交際之有禮 孩提而知愛 及長而知敬 始也 各循其則 而盡其道 至於沒身不衰者 終也 未有不存於心 而能善其事者也 未有不先其始 而能善其終者也 然則物有本末 事有終始之意 所該甚廣 朱子獨以明德新民 爲物之本末 知止能得 爲事之終始 其意偏而不周矣"

『易』·『禮記』 등에서 '本末終始'에 관한 말을 인용하고, '格物致知'란
바로 物理에 本末終始가 있는 것을 아는 것이라 단정하면서,

> 대개 學者가 格物致知에 뜻을 두면서 物理의 本末終始가 있는 것을
> 알지 못한다면 그 아는 바와 얻은 바가 輕重의 차례와 先後의 순서를 잃
> 고 마침내 道에 들어가지 못하게 될 것이다. 지금 세상에 學問을 講求하
> 지 않으므로 道가 밝지 못하여 學問을 하고 忠誠을 하고 孝道를 하는 자
> 가 本을 버리고 末을 일삼으며, 始는 있어도 終은 없으며, 혹은 전혀 그
> 本末終始의 所在를 잃고 마침내 敗亂에 이른 자가 많으니 이것은 이 章
> 의 뜻을 講明하지 않은 데 기인한 것이다.[37]

라고 말하였다. 그리고 '格物致知'가 物理의 本末終始를 아는 것이라
하더라도 거기에는 다시 '緩急先後'가 있기 때문에 가까운 일부터 始
作하여 人倫에서 庶物로 미쳐나가는 방법이 중요시된다. 물론 여기서
의 事의 '緩急先後'를 깨달아 判斷하는 것은 物의 '本末終始'의 소재
를 알아보고 止하는 것과 類似하다고 하겠다.

이런 晦齋의 해석은 '사물의 이치를 끝까지 窮究하여 들어가 그 궁
극적인 곳에 이르지 않음이 없고자 하는 것'[38]이라는 朱子의 抽象的
인 解釋과는 달리 物理의 本末·終始를 구분할 줄 아는 것을 의미한다.

---

37) 『續大學或問』 "蓋學者 有志於格物致知 而不知物理之有本終始 則其所
　　知所傳 或始輕重之論 先後之序 而終無以入於道矣 今世學不講 而道不
　　明 爲學爲治爲忠爲孝者 或遺本而事於末 或有始而無其終 或專失其本末
　　終始之所在 而卒至於敗亂者多矣 由其不講乎此章之義故也"
38) 『大學章句』經1章 "窮至事物之理 欲其極處無不到也"

2) 以慮爲思

‘知止’ 一節中 ‘慮而后能得’에서 朱子는 ‘慮’를 ‘處事精詳’이라 하였고, 또 ‘慮는 思의 精審’이라 하였는데, 晦齋는 『大學章句補遺』에서 慮는 思라고 하였다. 본래 ‘安而后能慮’는 顔子가 아니면 能히 할 수 없다고 하여 가장 어려운 대목으로 여겼으며 思慮 또는 思索하여 能得함이 다름 아닌 哲學하는 것이다.[39] 그런데 이 慮字를 朱子와 晦齋가 모두 思를 빌려 說明하였으나 見解가 다르다.

晦齋는 慮와 思의 關係를 猶나 兼과 같은 用語를 빌지 않고 慮는 思라 하여 直接 연결시키고 있다. 이 問題는 晦齋가 "朱子 또한 慮는 思의 精審이라 했으니 慮의 思됨에 어찌 疑心이 있겠는가"[40] 라고 한 것을 보아 慮가 思와 같지 않음을 알면서 오히려 意味를 擴散시킨 것이 아닐까 한다. 晦齋가 말한 以慮爲思의 根據를 보면,

> 程子가 이른바 能히 그 知를 致하면 思가 날로 더욱 밝아진다고 한 것이 이것이다. 무릇 格物하여 知止하면 事物當然之則에 모두 定見이 있게 되어 마음에 妄動이 없고 危殆로운 잘못이 없어 思慮가 더욱 밝아지면 또 物理의 所以然을 精密하게 硏究하여 마음에 얻어질 것이다.[41]

라고 하였다.

---

39) 安炳周 外, 『儒學原論』 成均館大出版部, 1992. p.65
40) 『續大學或問』"愚於大學 認至善爲中 認慮爲思者 皆本於先聖賢之意 而非愚之牽合杜撰也"
41) 『大學章句補遺』"程子所謂 能致其知 則思日益明者是也 蓋格物而知止 則於事物當然之則 皆有定見而心無妄動危殆之累 其思慮益明矣 思之明 則又有以精硏物理之所以然 而有得於心矣"

또 孟子 告子上의 "생각하면 얻고 생각하지 않으면 얻지 못한다"를 引用하였으며 "程子가 思慮하면 마음 가운데 즐거움을 얻는다고 한 것이 바로 이를 말하니 靜·安·慮가 모두 마음에 대한 말로써 下章의 誠意正心의 功을 일으키는 것이다"[42]라고 하였다. 또한 晦齋는 能得을 '有得於心'으로 보았으니 朱子가 앞에 引用한 孟子의 '思則得之'를 注하여 "마음은 능히 생각할 수 있으니 思로써 그 職을 삼는다"고 하여 思를 心의 機能으로 把握한 점과 一致한다고 하겠으나 朱子는 能得을 得其所止라 한 데 비해 晦齋가 心得으로 본 것은 晦齋의 철학의 특징의 일면을 잘 드러낸 것이라고 할 수 있다. 晦齋는 또 中庸 二十章의 '愼思之'에 대해 雙峯饒氏가 注한 "思는 반드시 삼가 한 後에 學問의 얻은 바를 精密하게 研究하여 스스로 마음에 얻는다"[43]라는 말을 들어 引證했으니 '愼思之'는 心智的處理인 것이다.[44] 晦齋는 이어 程子의 "思慮가 오래된 후에 睿가 自然 생겨나니 만약 一事 上에 생각하여 얻지 못하면 달리 一事를 바꾸어 생각한다"한 것과 "깊이 생각하지 않으면 道를 이룰 수 없으니 깊이 생각하지 않고 얻은 것은 쉽게 잃는다"고 한 것을 引用하고 또 "思慮하여 마음 가운데 즐거움이 있어 沛然히 남음이 있는 것이 實得이니 어찌 窮理正心之學이 思를 말미암지 않고서 얻을 수 있겠는가"한 말로 引證하였다.[45] 이는 思慮를 통한 明察로 心得해야만 實得할 수

---

42) 『大學章句補遺』"程子所得思慮有得 中心悅豫者 正謂是也 曰靜 曰安 曰慮 皆就心上說 以起下章誠意正心之功"

43) 『中庸章句』, 第二十章 "思必謹然後有以精研其學問之所得"

44) "博學之 審問之 愼思之 明辨之 篤行之"의 다섯가지는 科學方法의 要素가 있다고 前揭하고 「愼思之」는 心智的 處理라고 하였다. (王雲五. 『先秦儒學思想』, 台北商務印書館, 民國 59. p.9 參照)

45) 『續大學或問』"思慮久後睿自然生 若於一事上思不得 別換一事思之 又曰

있다는 것이며 따라서 思는 聖功의 本이라는 朱子의 말을 引用한데에도 思를 통한 心得이 바로 聖學의 功效임을 밝힌 것을 알 수 있다. 그러므로 "知止에서 始作하여 能靜, 能安하더라도 다시 致思하지 못하면 暗昏해져서 얻음이 없다"[46]고 했다. 이에 대해 栗谷은 "以慮爲思는 크게 어그러지지는 않으나 思는 格物之路이며 그 所以然을 생각하지 않으면 知止而有定이 없다"[47]고 했다. 그러나 晦齋가 '思慮益明'이라 한 점을 볼 때 결코 格物之初에 思가 있어야 함을 認定하지 않는 것이 아니다. 前述한 바와 같이 知止가 所當然을 아는 것이고 能得이 所以然을 아는 것으로 보았던 것이다. 인간이 當然理와 그 所以로서의 存在理를 體得할 때 當然理에 대한 自覺을 通해 存在理를 터득하는 것이며 그것이 인간 마음의 靈覺能力에 基因한다고 볼 때 當然한 歸結인 것이다. 즉 物의 理라 하더라도 그 理가 감각으로 돌아와서 아는 것이 아니고 마음의 靈覺能力에 의해 體得되는 것이며 이것은 窮極的으로 當然理에 대한 자각을 통해 그 所以然을 體得할 수밖에 없는 것이다.[48]

그리하여 晦齋는 『續大學或問』에서 '知止' 節의 慮는 곧 思라는 견해를 반증하기 위하여 『論語』의 '學而不思則罔', 『中庸』의 '博學·審

不深思 則不能造於道 不深思而得者 其得易失 又曰 思慮有得 中心悅豫 沛然有裕者 乃是實得也 安有爲窮理正心之學 而不由思以得者乎 蓋知止而有定 則於天下之物 皆有以知其所當然之則 而心無妄動危殆之累 其思慮益明矣 思之明 則又有以研窮物理之所以然 而有得於心矣"

46) 『續大學或問』 "若或知止而至於靜安 不復致思焉則將至於昏而無得矣"

47) 『栗谷全書』 卷14, 「大學章句補遺後議」 "以慮爲思 雖不大悖 但思是格物之路 當初不思則無以知止而有定矣"

48) 柳仁熙 「程朱의 人性論」 (『東洋哲學의 本體論과 人性論』, 東洋哲學硏究會,) p.260 參照. 柳仁熙는 여기서 當然理를 통해 所以然을 알아 가는 過程을 逆覺體證이라는 用語로 表現하고 있다.

問·愼思·明辯과 '不思, 思之不得不措', 『孟子』의 '思則得之, 不思則不得'을 비롯하여 周子·程子·朱子의 思 또는 慮에 대한 말을 인용하고 있다. 晦齋는 程子의 "思慮에 얻는 바가 있으면 마음이 기쁘고 여유가 생기니 이것이 바로 實得이다"라는 말을 引用하고 난 다음 이어서 말하기를, "어찌 窮理正心之學을 하면서 思에 말미암지 않고 心에 얻을 수 있겠는가"[49] 라고 하고 있다. 이로써 晦齋의 慮 得의 해석은 확고하며, '知止' 節을 格物致知의 傳文이라 본 것과 相關되는 論理展開임을 다시 확인할 수 있다.

朱子는 『大學章句』에서 '安'을 '所處而安'으로, '慮'를 '處事精詳'으로, '得'을 '得其所止'로 解釋하였다. 이에 반해 晦齋는 '安'을 '安於所止'로, '慮'를 '思'로, '得'을 '得於心'으로 解釋하였다. 朱子가 이렇게 解釋한 理由는 다음과 같은 晦齋의 말에서 찾을 수 있다.

> 知止하여 定이 있게 되면 천하의 사물에 모두 그 당연한 법칙을 앎이 있게 되어 마음에 妄動·危殆한 累가 없게 되고, 그 思慮는 더욱 밝게 된다. 思가 밝아지면 또 物理의 所以然을 硏窮함이 있어 마음에 터득함이 있게 된다. 만약 知止하여 靜·安에 이르고서 다시 그 점을 생각하지 않는다면 昏昧하여 터득함이 없는 데 이른 것이다.[50]

晦齋는 이런 解釋의 근거를 程子의 '能致其知 則思日益明'에서 찾았다. 致知와 思를 연관시킨 程子의 말에서, 晦齋는 '慮'가 곧 '思'임을 알아차린 것이다. 이 節을 格物致知를 해석한 것으로 보는 晦齋의

---

49) 『續大學或問』 "有以硏窮物理之所以然 而有得於心矣"
50) 『續大學或問』 "盖知止而有定 則於天下之物 皆有以知其所當然之則 而心無
　　妄動危殆之累 其思慮益明矣 思之明 則又有以硏窮物理之所以然 而有得於
　　心矣 若或知止而至於靜安 不復致思焉 則將至於昏而無得矣"

立場에서는 확증할 만한 말이었다. 晦齋는 이를 근거로 '靜'·'安'·'慮'가 모두 心上에 나아가 말한 것이라는 結論을 지었다.51) 이 세 가지는 心의 범주에 속한 것으로 보는 견해는 朱子처럼 '慮'를 '處事'로 보아 行에 속하는 것으로 보는 종래의 일반적인 說과는 다르다. 만약 朱子와 같이 行으로 보면 다음의 誠意·正心과 관련짓기 어려운 문제점이 있기 때문이다. 그래서 晦齋는 이를 『大學章句補遺』에서는 '起下章誠意正心之功'으로 『續大學或問』에서는 '下章誠意正心之功 皆本於此'라는 말로 자신의 說을 맺어 '物有'와 '知止' 二節을 格物致知의 全文으로 보는 데 확신을 피력하고 있다.

3) 知와 行의 관계

行의 문제에 있어서 晦齋의 입장을 살펴보고자 한다. 知와 行의 問題는 결코 다른 問題가 아니라 知에 直觀을 통해 얻어질 수 있는 直觀知와 經驗을 通해 얻어질 수 있는 經驗知가 있으나 이들은 行해질 수 없는 虛知요 결코 眞知일 수는 없는 것이며 直觀을 통해 얻어진 知도 實踐의 檢證을 거쳐야만 眞否를 알 수 있는 것이다. 따라서 知와 行의 問題는 哲學의 重要한 關心事였고, 많은 학자들이 이에 대해 서로 다른 主張을 하고 있다. 朱子는 知를 窮理로, 行을 居敬으로 삼아

學者의 工夫는 오직 居敬窮理 二事에 있을 뿐으로 이 二事는 상호 發하는 것이니 能히 窮理하면 居敬工夫가 날로 더욱 나아가고 능히 居敬하면 窮理工夫가 더욱 密해지니 사람의 兩足에 있어 左足이 行하면 右足이

---

51) 『大學章句補遺』, 格物致知章 "曰靜曰安曰慮 皆就心上說 以起下章誠意正 心之功"

멈추고 右足이 行하면 左足이 멈추는 것과 같고, 또 一物이 空中에 매달
려있어 왼쪽이 올라가면 오른쪽이 내려가고 오른쪽이 올라가면 왼쪽이
내려오는 것과 같다.[52]

고 했고,

知와 行은 서로 함께 하여 눈이 있어도 발이 없으면 行하지 못하고
발이 있어도 눈이 없으면 보지 못한다. 先後를 論하면 知가 先이요 輕重
을 論하면 行이 重하다.[53]

고 했다. 이처럼 朱子는 知行相須를 말하여 時間的 先後로는 知라 했
고, 價値의 輕重으로는 行이 重하다고 했다. 따라서 朱子는 格物致知
에 대해서도 所以然之故와 所當然之則의 自然存在理法에 대한 豁然
貫通知와 經驗知를 並行해서 重視하여 결코 主知的인 데 치우치지
않고 經驗的認識도 같이 말함으로써 認識의 範圍에만 머물지 않았고
綜合的 意味로서 修己의 問題까지 包括하고 있다.[54] 晦齋의 知와 行
에 관한 주장은 格物致知를 중심으로 살펴보면 먼저 '物有' 一節을
注하여

삼가 살피건대 大學의 가르침은 格物致知에서 始作된다. 무릇 天下事

---

52) 『朱子語類』 卷9 "學者工夫 唯在居敬 窮理二事 此二事互相發 能窮理
   則居敬工夫日益進 能居敬 則窮理工夫日益密 譬如人之兩足 左足行 則右
   足止 右足行 則左足止 又如一物懸空中 右抑則左昂 左抑則右昂"
53) 『朱子語類』 卷2 "知行常相須 如目無足不行 足無目不見 論先後 知爲先
   論輕重 行爲重"
54) 李東熙, 「朱子學에 있어서의 理와 實의 相函性에 관한 研究」, (성균관
   대 대학원 학위논문) pp.53~54.

物庶事는 本末終始가 있지 않음이 없으니 능히 그 本末終始之理를 窮究하여 先後緩急을 알면 進德修業이 循循有序하여 道에 이름이 멀지 않다.[55]

고 하였다. 또 ‘知止’一節을 注하여

知止는 格物致知하여 天下之事에 모두 그 至善의 所在를 아는 것이다. 靜은 心이 妄動하지 않는 것이다. 능히 그칠 바를 알면 方寸之間에 事事物物이 모두 定理가 있게 되어 그 마음이 動함이 없게 되고 능히 靜하게 된다. 心히 能히 靜하면 處함에 便安하여 日用之間에 從容閑暇하며 事와 物이 이르매 헤아려 能히 慮할 수 있다. 能히 慮하면 일을 따라 理致를 보아 마음을 極盡히 하여 幾微를 硏究해서 각기 그 止할 바의 위치를 얻지 못함이 없게 되어 止하게 되는 것이다.[56]

라고 하였다. 그리고

대개 物格하여 知止하면 事物當然之則에 定見이 있게 되고, 心에 妄動危殆之累가 없으며, 그 思慮가 더욱 밝아진다. 思가 밝아지면 또 物理의 所以然을 精密하게 硏究하여 마음에 얻음이 있다.[57]

라고 하였다. 이를 통해 볼 때 ‘知止’는 經驗知를 通해 當然之則에 대

---

55) 『大學章句補遺』 “謹按大學之敎 始於格物致知 而凡天下萬物庶事 莫不有本末終始 能窮其本末終始之理 而知所先後緩急 則進德修業 循循有序 而其至於道也不遠矣 章首疑有所知在格物者八字 而今亡矣”
56) 『大學章句補遺』 “知止者 物格知至 而於天下之事 皆有以知其至善之所在也 靜 謂心不妄動 能知所止 則方寸之間 事事物物 皆有定理 無以動其心 而能靜矣 心旣能靜 則所處而安 日用之間 從容閑暇 事至物來 有以揆之而能慮矣 能慮則隨事觀理 極心硏幾 無不各得其所止之矣”
57) 『大學章句補遺』 “蓋格物而知止 則於事物當然之則 皆有定見而心無妄動危殆之累 其思慮益明矣 思之明 則又有以精研物理之所以然 而有得於心矣”

한 確固한 認識을 바탕으로 事物의 本末終始를 알아 그 至善의 所在를 터득함으로써 豁然貫通의 心得으로 나아가기 위한 一段階의 格物致知가 이루어진 段階이다. 이것이 '知所先後 則近道矣'에서 '則道矣'라고 하지 않고 '近道矣'라고 한 점이다. 그러나 여기서 重視할 점은 知가 成立되는 認識論的 根據와 構造에 대한 關心뿐만 아니라 知가 行과 연결되는 當爲範圍의 價値論的 關心이다. 이것은 當爲規範知로 이루어진 一段階의 格物致知가 다시 定, 靜, 安, 慮의 體驗省察에 의해 所以然之理를 心得하여 現實에서 마땅한 데 그칠 수 있는 實踐의 問題까지 이르고 있기 때문이다. 이것은 또한 所以然之理를 心得하기 위한 前提條件으로 當然之則에 대한 正確한 規範知를 必要로 하는 것이니 만약 當然之則에 誤謬가 생긴다면 正確한 所以然之理를 얻을 수 없으며 따라서 마땅한 行動이 나올 수 없다는 것을 意味하기도 한다.

4. 至善과 治國平天下의 註釋

1) '至善'을 '中'으로 解釋하는 問題

晦齋는 『大學』綱領의 '至善'을 『書經』에서 말하는 '允執厥中'의 '中'으로 보았다.58) 이것은 '中'이란 '過不及'이 없는 것이므로 '事理當然

---

58) 晦齋가 至善을 中으로 해석한 데 대하여 栗谷은 찬성한다. 그는 말하기

之極'의 '至善'과는 뜻이 통한다고 보았기 때문이다. 이에 대해 『續大學或問』에서

> 　至善의 뜻은, 程子는 '義理精微의 極'이라 하고 朱子는 '事理當然의 極'이라 하였다. 朱子는 "또 德을 밝혀 백성을 새롭게 하고자 하는 자는 반드시 이에 이르기를 구하여 그것이 조금이라도 過不及의 差가 있음을 허용하지 않는다" 하였으며, 또 "明德·新民은 본디 하나의 當然의 法則이 있으므로 過不及하여도 되지 않는다" 하였다. 그 中庸의 뜻을 해석함에 있어서는 "天命의 當然한 바로서 精微의 極致이다" 하였다. 그렇다면 程子·朱子가 비록 '執中'이 '止於至善'이 된다고 明言하지는 않았으나 이른바 '極'이란 것은 '中'의 理이니 天下의 至善이 무엇이 '中'보다 나은 것이 있으리오.[59]

라고 하였다. 晦齋는 '止於至善'의 '至善'을 『書經』〈大禹謨〉의 '允執厥中'의 '中'으로 해석하였다. 이 '至善'을 程子는 '義理精密之極'으로 풀이했고, 朱子는 '事理當然之極'으로 풀이했다. '至善'을 풀이한 '極'이 곧 '中'의 理致라고 보았다. 또한 『中庸』의 '擇乎中庸'에서 그 근거를 찾아 다음과 같이 말하였다.

　를 "至善과 中은 이름은 다르나 내용은 같으므로 晦齋의 說이 옳다. 다만 이는 일반화된 說이므로 晦齋 독창적인 것은 아니다. 朱子가 『大學或問』에서 理를 논하는 곳이 聖賢의 說과 합일되는 것을 보아도 至善과 中이 다르지 않음을 볼 수 있다"라고 한다. (『栗谷全書』, 卷14, 「晦齋大學章句補遺後議」參照)

59) 『續大學或問』"曰至善之義　程子以爲義理精微之極　朱子以爲事理當然之理　又曰　欲明德以新民者　求必至是　而不容其少有過不及之差　又曰　明德新民　本有一箇當然之則　過之不可　不及亦不可　至其釋中庸之義　則曰　天命所當然　精微之極致　然則程朱雖不明言執中之爲止至善　而所謂極者　中之理也　天下之至善　孰有過於中者乎"

『中庸』에서 이른바 ‘擇乎中庸’이라는 것은, 온갖 이치를 변별해 그 至善의 所在를 구하는 것을 말한 것이다. 그러므로 아래 章에 이를 이어 “中庸을 택하여 하나의 선을 얻으면 가슴속에 공경히 간직해 잃지 않는다.”고 하였다. 『中庸』에 ‘擇善’·‘明善’을 말한 것이 모두 이 뜻이다. 따라서 ‘中’이 ‘至善’이 되는 것은 더욱 명백하다. 대체로 ‘中’과 ‘至善’은 이름은 비록 다르지만, 이치는 하나이다.60)

앞에서 살펴보았듯이 晦齋는 格物致知를 해석하면서 ‘知止’를 ‘知其至善之所在’로 풀이하였는데, 여기서는 ‘中庸’을 ‘至善之所在’로 보았다.61) 그래서 『中庸』에 나오는 擇善·明善의 ‘善’을 ‘至善’으로 보고, 그것이 곧 ‘中’과 같은 의미로 파악하였다. 晦齋는 이런 관점에서 ‘中’은 明德·新民의 極이 된다고 주장하고 있으며, 이러한 晦齋의 論理는 『中庸九經衍義』의 저술을 통하여 당시 朝鮮 王朝의 至治를 실현하고자 하였다고 볼 수 있다.

2) 治國平天下의 根本은 ‘仁’이라고 보는 問題

晦齋는 治國平天下의 근본은 仁이라고 보고 있다. 이는 晦齋의 독창적인 見解라기보다 일반적인 유학자들의 견해를 진술하고 있으며 만년(60세)에 지은 『求仁錄』 저술 취지와 一脈相通한다고 보겠다. 또 晦齋가 治國平天下의 근본을 爲政者의 ‘仁’에서 구한 것은 『大學』註

---

60) 『續大學或問』 “中庸所謂擇乎中庸者 言辨別衆理 而求其善之所在也 故下章繼之曰 擇乎中庸得一善 則服膺而得失 其言擇善明善 皆此意也 中之爲至善 盆明矣 盖中與至善 名雖異 而理則一”
61) 朱子는 ‘擇乎中庸’을 ‘辨別中庸 以求所謂中庸’이라 하였는데, 晦齋는 이 ‘中庸’을 ‘至善之所在’로 보았다.

釋을 통하여 자기 政治思想을 표현한 것이라고 볼 수도 있다. 우리는 또 이것을 통하여 오히려 晦齋의 '民本'의 政治觀을 살필 수 있다. 『大學』의 治國平天下之條에 언급된 內容 자체가 모두 '絜矩之道', '仁親以爲貴', '唯仁人放流之', '仁者以財發身', '未有上好仁而下不好義者也' 등 '仁'이 爲政의 근본임을 설명한 것이므로 晦齋의 이 說이 새로운 것은 아니라 하더라도 당시 學問과 政治的 經綸을 겸비하였던 그에게 있어서는 절실하게 체험한 바에서 우러나온 말이라고 볼 수 있다. 『續大學或問』에서 이 '治國平天下' 章은 政治의 道는 仁에 있고, 仁을 施行하는 要點은 絜矩에 있다는 것을 말하여[62] 대개 好·惡를 반드시 公平하게 하여 民心에 따르고 偏私의 隱蔽가 없게 한 후에야 어진 이를 등용하고 邪惡한 자를 내칠 수 있게 되고 德을 널리 베풀 수 있게 되어 天下가 和平해지는 것이라고 하였다. 또한 『論語』·『孟子』 등에서 仁과 爲政에 관련된 말을 뽑아 引用하고, 程子·朱子의 말도 아울러 섞어 열거한 후 다음과 같이 말하였다.

대개 大學의 法은 이치를 窮究하고 마음을 바르게 하여 그 몸을 닦고 나아가 家·國·天下에 미치게 하는 데 있는 것이니, 이치를 窮究하는 것은 仁을 구하는 것이다. 仁은 人心인 것이니 마음이 바로 잡혀지면 이것이 仁인 것이다. 自己 몸에서 家에 미치고, 家에서 國과 天下에 미치는 바 어찌 다름이 있으리오. 오로지 이 마음뿐인 것이다. 그러므로 朱子는 '格物致知는 仁을 求하는 것이다'라고 하였으며, 또 '絜矩는 仁을 구하는 공부이니 정말 힘쓸 것이다'라고 하였다.[63]

---

62) 『續大學或問』 "施仁之要 又在於絜矩也 必以孝弟慈爲先者 蓋孝弟慈者 所以行仁之本也"
63) 『續大學或問』 "蓋大學之法 在於窮理正心 以修其身 以及於家國天下 窮理所以求仁也 仁人心也 心得其正 是乃仁也 由身而及於家 由家而及於

라고 하여, 仁을 개인적 인격 완성의 표현으로 보고 있다. 또한 『大學』의 처음 공부가 窮理로부터 시작되는데, 晦齋는 이 窮理도 결국은 求仁의 방법이라고 보며, 아울러 『大學』의 궁극 목적인 平天下도 이 仁에서 말미암는다고 하여 『大學』의 요점을 仁 하나로 귀결시켰다.

晦齋는 治國·平天下章에 '仁'字가 자주 등장하는 데 주목하여, 이 두 章의 意味를 '仁'에 맞추어 풀었다. 『大學』에서 '仁'字가 처음 나타나는 것은 傳3章의 '爲人君 止於仁'이다. 그는 이를 '治道는 仁에 根本함'을 말한 것으로 풀이하여, 임금이 마땅히 그쳐야 할 바를 仁으로 보았다. 그리고 그렇게 하면 그 교화가 널리 젖어 들어 天下가 平治될 것으로 여겼다.[64] 또한 『續大學或問』에서는,,

> 지금 삼가 두 장의 뜻을 깊이 窮究해 보건대, 첫머리에 孝·悌·慈로 立敎의 根本을 삼았으니, 이는 곧 仁을 베푸는 일이다. 또 恕를 말하고 絜矩를 말한 것은 仁을 베푸는 요점이 여기에 있음을 밝힌 것이다. 絜矩는 곧 恕다.[65]

라고 하여, 治道의 근본을 仁에 두고 있다. 晦齋는 仁의 실현을 孝·悌·慈에 두고 그 요점을 恕 곧 絜矩에서 찾았다. 恕는 孝·悌·慈에 이르는 具體的인 방안이다. 또한 晦齋는 孔子·程子·朱子 등의 말을 引用하여 公을 仁之體로, 愛를 仁之用으로, 恕를 仁之施로 보았다. 그

國 天下者 豈有他哉 亦此心而已矣 故 朱子曰 格物致知 所以求仁也 又曰 絜矩乃求仁工夫 正要著力"

64) 『續大學或問』 "仁之說 發端於三章 而推廣於卒章 其曰爲人君止於仁者 言治道本於仁 此人君之之所當止也 人君而止於仁 則化行澤洽 而天下平矣"

65) 『續大學或問』 "今竊深究兩章之義 首以孝悌慈爲立敎之本 此乃施仁之事也 又言恕言絜矩者 所以明施仁之要 在於此也 絜矩卽恕也"

리고 이 齊治章에, 治平章에서 丁寧하게 反復해 말한 뜻이 이 세 가지에서 벗어나지 않는다고 하였다. 이처럼 傳八章・傳九章을 解釋한 晦齋는 다시 범위를 넓혀 『大學』 전체의 의미를 仁으로 설명하였다. 또 格物致知를 仁을 구하기 위한 것으로 보고, 그 공부의 요점을 絜矩에서 찾았다. 『大學』을 해석하면서 格物致知의 인식론에 천착한 다른 학자들의 관념적 탐구와는 달리 사회적 실현을 염두에 두고 仁을 表章하여 絜矩를 통한 孝・悌・慈의 실현을 『大學』의 奧旨로 본 것은 그 나름의 독특한 해석이다.[66] 이러한 晦齋의 仁說은 『求仁錄』에서 보다 體系的으로 정리되는데, 晦齋의 道學的 經世觀을 잘 드러내 주고 있다.[67]

晦齋가 朱子의 『大學章句』의 編次를 改定하여 이에 대한 改編本을 만들면서 編次를 改定한 3節 以外에는 거의 程朱의 주석만 소개하고 말았는데 오직 마지막 8・9章(晦齋는 全文을 經1章 傳9章으로 하였음)에 대해서는 '帝王之學'으로써 仁政과 관련시켜 註釋을 하였고, 이어서 王朝의 興亡盛衰를 『大學』의 공부와 연관시켜 말하기를,

> 아! 周代 以來로 數 千年 동안 家・國・天下를 둔 사람이 대개 이 『大學』의 글을 읽지 않은 이가 없었으나 『大學』의 8・9章의 本旨를 깊이 밝힌 이는 드물었다. 그러므로 그들의 政治할 때는 오로지 殺戮과 刑罰에만 힘쓰고 仁에 뜻을 둔 자는 적었다. (中略) 진실로 이 『大學』의 글을 읽는 이로 하여금 天下國家의 治亂興亡과 天命人心의 去就離合이 한결같이 君主의 仁과 不仁에 매여 있다는 것을 깊이 밝혀 警省케 하여 항상 이 마음을

---

66) 후대 茶山 丁若鏞도 『大學』의 요지를 孝・悌・慈로 파악하였다. 『大學公議』 參照.

67) 尹絲淳의 "晦齋의 「仁」思想"(『李晦齋의 思想과 世界』, 성대 대동문화연구원, 1992) 參照.

가지고 잃지 않는다면 어찌 禍敗가 이 지경에까지 이를 수 있겠는가[68]

　라고 하여, 仁政을 내세워 晦齋가 당시의 勳舊派 戚臣들의 政治的 횡포에 대한 一大 警鐘을 울리고 있다고 볼 수 있을 만큼 절실한 말이다.

　晦齋의 仁說은 士禍의 소용돌이 속에서 보다 떳떳한 道德性의 確立을 필요로 한 시대적 요청이기도 한 것이었으며, 士林派의 國家統治 理念의 體系化를 정립한 것이라고 하겠다.

---

68) 『續大學或問』 "嗚呼 自周以來數千載間 有家國天下者 蓋未有不讀此書 而鮮有深明此章之本旨者 故其爲政也 專以殺戮刑法爲務而志於仁者寡矣……誠使讀是書者 深明天下國家之理亂興喪 天命人心之去就離合 一繫於人君之仁與不仁 惕然省常存此心而不失 則安有禍敗之至此乎"

Ⅲ. 結 語

　　朝鮮 前期의 經學은 대개 經世爲主의 경향을 띠어 實踐的 學風이
高潮되었다. 그러나 비록 經世爲主의 學風이 지배적이라 하더라도 그
것은 朱子學의 범위를 뛰어 넘지 못하였고 그 理論을 習得하는 데
치중하였으므로 창의적인 학문으로 발전하지 못했다. 그러나 16세기
晦齋에 이르러 學問 態度와 硏究 方向이 크게 달라졌다. 晦齋는 적극
적인 現實改革의 의지를 가진 士林派로서 王道政治 實現을 위해 여
러 가지 사회 개선안을 提示하고 있다. 관직에 나아가기도 하고 귀양
살이도 하면서 性理學 硏究에 침잠하였다. 이런 현실적 관심이 그로
하여금 인간 心性의 문제와 經世의 문제를 깊이 探究하도록 하고 그
결과 많은 著作들을 낳게 했던 것이다. 이처럼 인간과 사회에 관심을
두게 되면서, 탐구의 영역은 자연히 倫理 道德과 같은 가치의 문제로
확장될 수밖에 없으며, 이 점은 이미 晦齋의 『大學』註釋을 통해 확인
할 수 있었다.

　　朱子와 晦齋의 『大學』註釋에 대한 차이점을 살펴보면, 朱子의 『大
學章句』의 特徵은 첫째, 『大學』이 『論語』, 『孟子』, 『中庸』과 함께 儒
學의 규모를 논리적으로 기술한 책으로써 儒敎經典의 하나로 존중되
었다. 둘째, 『大學』을 大人之學이라 규정하여 자신의 덕을 닦는 修己

의 書로 봄으로써 爲政者로부터 庶民에 이르기까지 入德의 중요한 관문으로 삼았다. 셋째, 이러한 과정에서 『古本大學』의 編次를 바꾸고 格物致知章의 전문이 亡失된 것으로 보고 이전에는 『大學』의 八條目 중 格物致知를 소홀히 하였으나 朱子의 『大學章句』가 이루어짐에 따라 八條目의 內容이 갖추어지고 儒敎의 이상인 治國平天下까지 다루어 儒家의 政治哲學의 기본이 되었다. 朱子는 『大學章句』에서 "옛날의 太學에서 사람을 가르치던 法이다"[69] 라고 한 점만 보아도 이를 알 수 있다. 넷째, 朱子는 親民의 '親'을 '新'으로 해석하여 '백성을 새롭게 한다.'로 해석함으로써 '明明德'이 다른 사람에게 확대하여 가는 것임을 말하고 있다. 즉 인간의 本性을 회복하여 인간으로서의 본분을 實踐하도록 하게 한다는 儒敎 德治主義의 근본인 修己治人을 합리적으로 제시하고 있다.

晦齋는 朱子의 『大學章句』에 대하여 程子의 說을 토대로 의욕을 가지고 編次를 개정하였다. 그 編次上의 특징은 첫째로 格物致知의 전문에 대하여 朱子의 亡失되었다는 설을 부정하고 朱子의 格致補傳을 註釋으로 삼아 朱子의 格物致知說을 수용하고 있다. 그래서 『大學章句』의 經文에 있는 '知止' 節과 '物有' 節을 환치하여 '格物致知'章으로 삼았고, 둘째로 『大學章句』의 本末章인 '聽訟' 節을 經文의 結語로 옮겨 經1章과 傳9장의 『大學章句補遺』로 改編하였다.

晦齋는 格物致知說에 있어서도 至近한 것과 人倫을 근본으로 하여 전개함으로써 인간중심의 格致說을 주장하고 있다. 朱子가 物을 猶事로 字訓하고 '凡天下之物'과 '衆物'로 이해하여 格物致知說을 泛然하게 주장한 데 반하여, 晦齋는 物을 兼事로 字訓하여 物이 事를 포함

---

69) 『大學章句』, 大學章句序 "大學之書 古之大學 所以敎人之法也"

하고 있다고 보고 君臣·父子·夫婦·昆弟·朋友에서부터 萬物에 이르기까지 格物致知의 先後本末의 次序를 중시하고 있다. 또한 慮를 思로 봄으로써 晦齋는 朱子가 말한 인식으로서의 知를 體得으로서의 心의 문제에까지 확산시켰다. 이 문제는 主知的인 側面을 價値認識에까지 겸한 心得知로 확산하였음을 뜻한다. 그리고 朱子는 知를 窮理로 行을 居敬으로 삼았음에 대하여 晦齋는 知를 主知的인 데 치우치지 않고 경험적 認識도 같이 말함으로써 종합적 의미로서의 修己의 문제까지 포괄하고 있다.

이상에서 살펴본 바와 같이『大學章句補遺』를 통해 본 晦齋의 經學思想은 朱子學을 바탕으로 한 범주 속에서 이루어졌으나 性理學의 思辨的인 理論보다 당면한 현실과 관련하여 어떻게 하면 性理學의 理念을 具現하느냐 하는 實用的인 特徵을 가지고 있다고 하겠다.

특히,『大學章句補遺』와『續大學或問』에서 朱子의『大學章句』를 비판적으로 수용하여『大學』의 本義를 밝히려고 노력하였으며,『大學』을 중심으로 性理學을 理解하려는 논리적 기초와 학문적 기반을 확립하고 心性爲主의 性理學으로 발전하는 데 긴요한 역할을 하고 있다.

晦齋의『大學章句補遺』,『續大學或問』에 대한 檢討를 통하여 晦齋의 經學의 特徵과 經學史的 의의를 살펴보았으나, 구체적으로 朝鮮朝 性理學의 位置와 그 意義에 대해서는 아직 규명작업이 이루어지지 못하였다. 따라서 晦齋의 經學思想과 朝鮮朝 性理學의 상관관계 규명은 후일의 課題로 남긴다.

參考文獻

◆ 原典資料

四書集註	四書或問
朱子語類	性理大全
二程全書	晦齋先生文集
大學古本	大學衍義
大學章句補遺	續大學或問
中庸九經衍義	朝鮮儒敎淵源
韓國經學資料集成 (大學, 中庸)	

◆ 單行本

고영진, 『조선시대 사상사를 어떻게 볼 것인가』, 풀빛, 1999

금장태, 『유학사상과 유교문화』, 전통문화연구회, 1995

김충렬, 『中國哲學散稿Ⅰ』, 범학도서, 1977

배종호, 『韓國儒學史』, 연세대출판부, 1974

윤사순, 『한국의 사상』, 열음사, 1984

이병도 外 『晦齋 李彦迪의 哲學思想』, 박영사, 2000

이원균, 『晦齋先生의 生涯와 學問』, 洗心會, 1966

최근덕, 『韓國儒學思想研究』, 철학과 현실사, 1992
최영성, 『韓國儒學思想史』, 아세아문화사, 1995

◈ 論文類

금종문: 晦齋先生의 政治思想硏究 (『韓國의 哲學』 경북대 퇴계학연구소, 1998)
김교빈: 晦齋哲學의 特性에 관하여 - 『大學章句』의 改訂을 중심으로 - (『晦齋 李彦迪의 哲學과 政治思想』默民記念事業會, 博英社, 2000)
김충열: 李彦迪의 哲學思想 論評 (『韓國哲學硏究』中卷, 韓國哲學會, 1977)
김항수: 조선전기의 성리학 (『한국사』8, 한길사, 1994)
안병걸: 17世紀 朝鮮朝 儒學의 經典解釋에 관한 硏究 (성균관대 대학원 학위논문, 1991)
유명종: 李晦齋의 哲學思想 (『韓國哲學硏究』中卷, 韓國哲學會, 1977)
이동희: 朱子의 大學章句에 대한 연구 (『東洋哲學硏究』 제2집, 동양철학연구회, 1981)
이동희: 晦齋 李彦迪의 經學思想 (『朝鮮朝 儒學思想의 探究』, 1988)
이영호: 17世紀 朝鮮 學者들의 『大學』에 관한 硏究 (성균관대 대학원 학위논문, 1990)
이지형: 회재의 경학사상 - 「대학장구보유」 「중용구경연의」를 중심으로 - (『晦齋의 사상과 세계』, 성균관대대동문화연구원, 1992)
최석기: 晦齋의 大學章句 改訂과 後代의 論辨 (『정신문화연구』21권 2호 [통권91호], 한국정신문화연구원, 1998)

大學章句補遺

大學章句補遺

題先正晦齋續大
學或問卷首

御製續或問序

人有恒言皆曰程朱
安而經學明後之學
者但尊其前聞而已
而不知所以明之之功用甚
矢其樂弛置而廢近
思也有宋程朱氏閩

揮經學戈改其本領
即在於大學古本之

御製續或問序　二

清讀儒注起起於
更定程朱之後如蔡
程朱之刊所次簡編
若異其見者後六七
家而先正晦齋之大學
補遺續或問亦其一

也夫聖人教人必待憤
悱而啓發何啻善惡
其日耳之毋得於實
〔御製讀或問序〕　三
心則毋䂓而有䂓有䂓
兩毋親問學之序矣
也雖以程朱之同源大
儒三本皆未拈爲同
況其下去乎生後知

贖享譜承志未必均
有朱子之讖解而先
正之於大學亦可謂善
學朱子也歟予甞慨
然寺口耳煩而經學
憫經學憫而邪道讖
教鄰甞之士以賓興
之就漸染之輩以激

勵之于斯時也乃取
先正大學初編三心畫
涵以潛心焉先正當日
御製續藏閏序
細察理之工夫尚有
可繹想見於巻中
為學固不當若兒耶
今之學者用心皆如此
正之真積力久雖愚霧

之彌近理者何難乎辭
而瀾之廓如混西洋邪
學之實不止愚人工何
有焉穹語嶠南讀生
御製續藏閏序
以學先正之心法伊其
觀法之方頗不去於
鞭辟近裏之工平試
會有近侍嘲命之

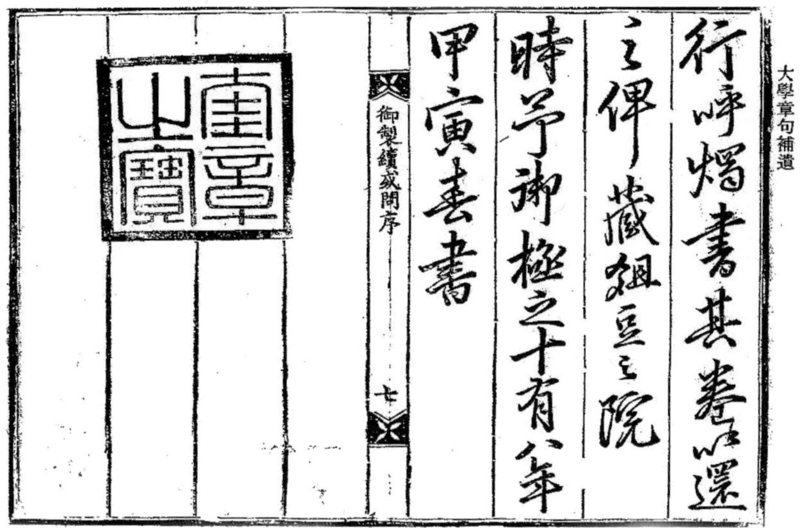
大學章句補遺
行峰熠書其卷以還
之俾藏翃豆之院
時予御極之十有八年
甲寅春書
御製續成闊序
七

大學之書，古之大學所以教人之法也。蓋自天降生民，則既莫不與之以仁義禮智之性矣。然其氣質之稟，或不能齊，是以不能皆有以知其性之所有而全之也。一有聰明睿智能盡其性者出於其間，則天必命之以為億兆之君師，使之治而教之，以復其性。此伏羲、神農、黃帝、堯、舜，所以繼天立極，而司徒之職、典樂之官所由設也。

三代之隆，其法寖備，然後王宮、國都以及閭巷，莫不有學。人生八歲，則自王公以下，至於庶人之子弟，皆入小學，而教之以灑掃、應對、進退之節，禮樂、射御、書數之文；及其十有五年，則自天子之元子、眾子，以至公、卿、大夫、元士之適子，與凡民之俊秀，皆入大學，而教之以窮理、正心、修己、治人之道。此又學校之教、大小之節所以分也。

夫以學校之設，其廣如此，教之之術，其次第節目之詳又如此，而其所以為教，則又皆本之人君躬行心得之餘，不待求之民生日用彝倫之外，是以當世之人無不學。其學焉者，無不有以知其性分之所固有，職分之所當為，而各

俛焉以盡其力。此古昔盛時所以治隆於上、俗美於下，而非後世之所能及也！

及周之衰，賢聖之君不作，學校之政不修，教化陵夷，風俗頹敗，時則有若孔子之聖，而不得君師之位以行其政教，於是獨取先王之法，誦而傳之以詔後世。若曲禮、少儀、內則、弟子職諸篇，固小學之支流餘裔，而此篇者，則因小學之成功，以著大學之明法，外有以極其規模之大，而內有以盡其節目之詳者也。三千之徒，蓋莫不聞其說，而曾氏之傳獨得其宗，於是作為傳義，以發其意。及孟子沒而其傳泯焉，則其書雖存，而知者鮮矣！

自是以來，俗儒記誦詞章之習，其功倍於小學而無用；異端虛無寂滅之教，其高過於大學而無實。其他權謀術數，一切以就功名之說，與夫百家眾技之流，所以惑世誣民、充塞仁義者，又紛然雜出乎其間，使其君子不幸而不得聞大道之要，其小人不幸而不得蒙至治之澤，晦盲否塞，反覆沉痼，以及五季之衰，而壞亂極矣！

天運循環，無往不復，宋德隆盛，治教休明。於是河南程氏兩夫子出，而有以接乎孟氏之傳，實始尊

信此篇而表章之既又為之次其簡編發其歸
趣然後古者大學教人之法聖經賢傳之指粲
然復明於世雖以熹之不敏亦幸私淑而與有
聞焉顧其為書猶頗放失是以忘其固陋采而
輯之間亦竊附己意補其闕略以俟後之君子
極知僭踰無所逃罪然於國家化民成俗之意
學者修己治人之方則未必無小補云淳熙己
酉二月甲子新安朱熹序

古昔聖人教人之法有綱有目孔子謂而明之以授其徒曾子述之以傳于世其淵源所自赤可考矣虞書曰克明俊德以親九族九族既睦平章百姓百姓昭明協和萬邦黎民於變時雍又曰人心惟危道心惟微惟精惟一允執嚴中大學一篇之旨蓋本於此其曰明俊德以至於黎民於變者明德新民之至也其曰惟精惟一者明明德之事也其曰允執嚴中者明明德之止於至善而新民之止於至善亦由於此也以八條目言之明俊德者脩身以上之事也親九族者齊家之事也平章百姓以至於協和萬邦者治國平天下之事也八條目中正心二字實自虞書中來其曰格致誠正精一之謂也前後聖人立教之規合如符節炳如日月無可疑者可見孔子祖述堯舜之道而曾子之所傳實源於此也秦火之餘聖遠言湮千有餘載幸而天未喪斯文程朱數君子出而乃始表章此篇更定錯誤發揮微蘊一篇之中綱條繫然於是為學者知所務而為治者知所本其有功於斯道也大矣獨恨聖經賢傳之文不能無斷缺

辭義未完學者不得見全書此真千古遺憾朱子得其結語一句知其為釋格物致知之義而未得其文遂取程子之意以補之其所以發明始學窮理之要亦甚明備然愚嘗讀至於此每嘆本文之未得見近歲開中朝有大儒得其闕文於篇中更著章句欲得見之而不可得乃敢以臆見取經文中二節以為格物致知章之文既而反覆紬玩辭足義明無欠於經文而有補於傳義又與上下文義脉絡貫通雖晦庵復起亦或有取於斯矣又按聽訟一節今在傳三章之後文義不屬有可疑者乃依程子所定置於經文之下詳味其義與中庸卒章予懷明德不大聲以色子曰聲色之於以化民末也奏假無言時靡有爭不賞而民勸不怒而民威於鈇鉞之意合此蓋聖人端本化民之要道也故曾子於經文章末引孔子之言以明之程子於此豈無所見乎然愚陋管窺何敢執以為是而有得於先儒所未到之意聊記淺見以求正於後之君子云爾嘉靖己酉冬十月甲子驪江李彥迪謹書

大學章句補遺

子程子曰大學孔氏之遺書而初學入
門也於今可見古人爲學次第者獨賴此篇
之存而論孟次之學者必由是而學焉則庶
乎其不差矣

大學之道在明明德在親民在止於至善

程子曰親當作新〇大學者大人之學也明
明之也明德者人之所得乎天而虛靈不昧
以具眾理而應萬事者也但爲氣稟所拘人
欲所蔽則有時而昏然其本體之明則有未

大學章句補遺　一

嘗息者故學者當因其所發而遂明之以復
其初也新者革其舊之謂也言既自明其明
德又當推以及人使之亦有以去其舊染之
污也止者必至於是而不遷之意至善則事
理當然之極也言明明德新民皆當止於至
善之地而不遷蓋必其有以盡夫天理之極
而無一毫人欲之私也此三者大學之綱領
也

古之欲明明德於天下者先治其國欲治其國
者先齊其家欲齊其家者先修其身欲修其身

者先正其心欲正其心者先誠其意欲誠其意
者先致其知致知在格物

明明德於天下者使天下之人皆有以明其
明德也心者身之所主也誠實也意者心之
所發也實其心之所發欲其必自慊而無自
欺也致推極也知猶識也推極吾之知識欲
其所知無不盡也格至也物猶事也窮至事
物之理欲其極處無不到也此八者大學之
條目也

物格而后知至而后意誠意誠而后心正

大學章句補遺　二

心正而后身修身修而后家齊家齊而后國治
國治而后天下平

物格者物理之極處無不到也知至者吾心
之所知無不盡也知既盡則意可得而實矣
意既實則心可得以正矣修身以上明明德
之事也齊家以下新民之事也物格知至則
知所止矣意誠以下則皆得所止之序也

自天子以至於庶人壹是皆以修身爲本

壹是一切也正心以上皆所以修身也齊家
以下則舉此而措之耳

其本亂而末治者否矣其所厚者薄而其所薄
者厚未之有也
本謂身也所厚謂家也此兩節結上文兩節
之意
子曰聽訟吾猶人也必也使無訟乎無情者不
得盡其辭大畏民志此謂知本
猶人不異於人也情實也引夫子之言而言
聖人能使無實之人不敢盡其虛誕之辭蓋
我之明德既明自然有以畏服民之心志故
訟不待聽而自無也觀於此言可以知本末
大學章句補遺　三
之先後矣○謹按天下之本在國國之本在
家家之本在身故有能脩身正家以施于政
則民德自新而爭訟無自興矣如虞芮質成不敢
履文王之庭感化之妙自有不期然而然者
此乃聖人明德新民之效而天下之所由平
也大畏民志如中庸所謂不賞而民勸不怒
而民威於鈇鉞之意
此一節舊本誤在止於信下程子進而
寘之於此今從之
右經一章蓋孔子之言而曾子述之其傳

十章則曾子之意而門人記之也舊本頗
有錯簡今因程子所定而更考經文別為
序次如左
凡傳文雜引經傳若無統紀然文理接
續血脉貫通深淺始終至為精密熟讀
詳味久當見之今不盡釋也○謹按經
文蓋曾子述夫子之意而立教故章末
引夫子之言以結之

康誥曰克明德
康誥周書克能也
大學章句補遺　四
大甲曰顧諟天之明命
大甲商書顧謂常目在之也諟猶此也或曰
審也天之明命即天之所以與我而我之所
以為德者也常目在之則無時不明矣
帝典曰克明峻德
帝典堯典虞書峻大也
皆自明也
結所引書皆言自明已德之意

右傳之首章釋明明德

湯之盤銘曰苟日新日日新又日新

大學章句補遺

盤沐浴之盤也銘名其器以自警之辭也苟
誠也湯以人之洗濯其心以去惡如沐浴其
身以去垢故銘其盤言誠能一日有以滌其
舊染之污而自新則當日其已新者而日日
新之又日新之不可略有間斷也

康誥曰作新民

鼓之舞之謂作言振起其自新之民也

詩曰周雖舊邦其命維新

詩大雅文王之篇言周國雖舊至於文王能
新其德以及於民而始受天命也

是故君子無所不用其極

自新新民皆欲止於至善也

右傳之二章釋新民

詩云邦畿千里惟民所止

詩商頌玄鳥之篇邦畿王者之都也止居也
言物各有所當止之處也

詩云緡蠻黃鳥止于丘隅子曰於止知其所止
可以人而不如鳥乎

詩小雅緡蠻之篇緡蠻鳥聲丘隅岑蔚之處
子曰以下孔子說詩之辭言人當知所當止

之處也

詩云穆穆文王於緝熙敬止為人君止於仁為
國人交止於信

詩文王之篇穆穆深遠之意於歎美辭緝繼
續也熙光明也敬止言其無不敬而安所止
也引此而言聖人之止無非至善五者乃其
目之大者也學者於此究其精微之蘊而又
推類以盡其餘則於天下之事皆有以知其
所止而無疑矣

詩云瞻彼淇澳菉竹猗猗有斐君子如切如磋
如琢如磨瑟兮僩兮赫兮喧兮有斐君子終不
可諠兮如切如磋者道學也如琢如磨者自修
也瑟兮僩兮者恂慄也赫兮喧兮者威儀也有
斐君子終不可諠兮者道盛德至善民之不能
忘也

詩衛風淇澳之篇淇水名澳隈也猗猗美盛
貌興也斐文貌切以刀鋸琢以椎鑿皆裁物
使成形質也治骨角者既切而復磋之治玉石

者既琢而復磨之皆言其治之有緒而益致其精也。瑟嚴密之貌。僴武毅之貌。赫喧宣著盛大之貌。諠忘也。道言也。學謂講習討論之事。自修者省察克治之功。恂慄戰懼也。威可畏也。儀可象也。引詩而釋之以明明德者之止於至善。道學自修言其所以得之之由。恂慄威儀言其德容表裏之盛。卒乃指其實而歎羨之也。

按如切如磋始徐理之事也，恂慄者嚴敬之存乎中也，威儀者輝光之著乎外也。末也學與自脩也。威儀德者至善能民之著乎。明止至善。長終也。下章本末終始之意已寓於此章，又言知止而后有定文。

詩云於戲前王不忘，君子賢其賢而親其親，小人樂其樂而利其利，此以沒世不忘也。詩周頌烈文篇。於戲歎辭。前王謂文武也。君子謂其後賢後王，小人謂後民也。此言前王所以新民者止於至善，能使天下後世無一物不得其所，所以既沒世而人思慕之愈久而不忘也。此兩節詠歎淫泆，其味深長，當熟玩之。

右傳之三章釋止於至善。

通於此章可見矣

物有本末，事有終始，知所先後，則近道矣。謹按大學之敎始於格物致知，而凡天下萬物庶事莫不有本末終始，能窮其本末終始之理，而知所先後緩急，則進德修業循循有序，而其至於道也不遠矣。章首疑有所謂致知在格物者八字而今亡矣。○程子曰格物者適道之始，欲格物則固已近道矣，以故其心而不放也。

知止而后有定，定而后能靜，靜而后能安，安而后能慮，慮而后能得。知止者物格知至，而於天下之事皆有以知其至善之所在也。靜謂心不妄動。能知所止則方寸之間事事物物皆有定理，無以動其心而能靜矣。心既能靜則所處而安，日用之間從容閒暇，事至物來有以揆之而能慮矣。能慮則隨事觀理，極心研幾，無不各得其所止之地而止之矣。程子曰致知之要當知至善之所在，如父止於慈，子止於孝之類。○謹按安謂安於所止，卽所謂居之安也。慮思也。程子所謂能致其知則思日益明者是也蓋

大學章句補遺

格物而知止則於事物當然之則皆有定見
而心無妄動危殆之累其思慮盖明矣恩之
明則又有以精研物理之所以然而有得於
心矣孟子所謂思則得之程子所謂思慮有
得中心悅豫者正謂是也日靜日安日慮皆
就心上說以起下章誠意正心之功

此謂知本

程子曰衍文也○謹按此句舊本元在經文
之下

此謂知之至也

謹按此結上文兩節之意

右傳之四章釋格物致知

所謂致知在格物者言欲致吾之知在即
物而窮其理也盖人心之靈莫不有知而
天下之物莫不有理惟於理有未窮故其
知有不盡也是以大學始教必使學者即
凡天下之物莫不因其已知之理而益窮
之以求至乎其極至於用力之久而一旦
豁然貫通焉則衆物之表裏精粗無不到
而吾心之全體大用無不明矣○謹按致

知之序亦宜有幾哉先後之序由近而及
於遠由人倫而及於庶物必有以見其至
善之所在而知其所止然後其所知所得
皆切於身心日用之實而非外物之理也若不
務此而徒欲泛然以觀萬物之理則正如
程子所謂大軍之遊騎出太遠而無所歸
也此又不可不察

所謂誠其意者毋自欺也如惡惡臭如好好色
此之謂自謙故君子必慎其獨也（謙讀爲慊）

誠其意者自脩之首也毋者禁止之辭自欺
云者知為善以去惡而心之所發有未實也
謙快也足也獨者人所不知而己所獨知之
地也言欲自脩者知為善以去其惡則當實
用其力而禁止其自欺使其惡惡則如惡惡
臭好善則如好好色皆務決去而求必得
之以自快足於己不可徒苟且以徇外而為人
也然其實與不實盖有他人所不及知而己
獨知之者故必謹之於此以審其幾焉

小人閒居為不善無所不至見君子而後厭然
搯其不善而著其善人之視己如見其肺肝然

則何益矣此謂誠於中形於外故君子必慎其
獨也
閒居獨處也厭然消沮閉藏之貌此言小人
陰為不善而陽欲揜之則是非不知善之當
為與惡之當去也但不能實用其力以至此
耳然欲揜其惡而卒不可揜欲詐為善而卒
不可詐則亦何益之有哉此君子所以重以
為戒而必謹其獨也
曾子曰十目所視十手所指其嚴乎
引此以明上文之意言雖幽獨之中而其善
惡之不可揜如此可畏之甚也

富潤屋德潤身心廣體胖故君子必誠其意
胖安舒也言富則能潤屋矣德則能潤身矣
故心無愧怍則廣大寬平而體常舒泰德之
潤身者然也蓋善之實於中而形於外者如
此故又言此以結之
右傳之五章釋誠意
經曰欲誠其意先致其知又曰知至而
后意誠蓋心體之明有所未盡則其所
發必有不能實用其力而苟焉以自欺

者然或已明而不謹乎此則其所明又
非已有而無以為進德之基故此章之
指必承上章而通考之然後有以見其
用力之始終其序不可亂而功不可闕
如此云
所謂脩身在正其心者身有所忿懥則不得其
正有所恐懼則不得其正有所好樂則不得其
正有所憂患則不得其正
程子曰身有之身當作心○忿懥怒也蓋是
四者皆心之用而人所不能無者然一有之
而不能察則欲動情勝而其用之所行或不

能不失其正矣
心不在焉視而不見聽而不聞食而不知其味
心有不存則無以撿其身是以君子必察乎
此而敬以直之然後此心常存而身無不脩
也
此謂脩身在正其心
右傳之六章釋正心脩身
此亦承上章以起下章蓋誠意則真無
惡而實有善矣所以能有是心以撿其

身然或但如誠意而不能密察此心之
存否則又無以直內而脩身也自此以
下並以舊文為正

所謂齊其家在脩其身者人之其所親愛而辟
焉之其所賤惡而辟焉之其所畏敬而辟焉之
其所哀矜而辟焉之其所敖惰而辟焉故好而
知其惡惡而知其美者天下鮮矣

人謂眾人之猶於也辟猶偏也五者在人本
有當然之則然常人之情惟其所向而不加
察焉則必陷於一偏而身不脩矣

大學章句補遺　十三

故諺有之曰人莫知其子之惡莫知其苗之碩
諺俗語也溺愛者不明貪得者無厭是則偏
之為害而家之所以不齊也

此謂身不脩不可以齊其家

右傳之七章釋脩身齊家

所謂治國必先齊其家者其家不可教而能教
人者無之故君子不出家而成教於國孝者所
以事君也弟者所以事長也慈者所以使眾也

身脩則家可教矣孝弟慈所以脩身而教於
家者也然而國之所以事君事長使眾之道

不外乎此此所以家齊於上而教成於下也

康誥曰如保赤子心誠求之雖不中不遠矣未
有學養子而后嫁者也

此引書而釋之又明立教之本不假强為在
識其端而推廣之耳

一家仁一國興仁一家讓一國興讓一人貪戾
一國作亂其機如此此謂一言僨事一人定國

一人謂君也機發動所由也僨覆敗也此言
教成於國之效

堯舜帥天下以仁而民從之桀紂帥天下以暴

大學章句補遺　十四

而民從之其所令反其所好而民不從是故君
子有諸己而後求諸人無諸己而後非諸人所
藏乎身不恕而能喻諸人者未之有也

此又承上文一人定國而言有善於己然後
可以責人之善無惡於己然後可以正人之
惡皆推己以及人所謂恕也不如是則所令
反其所好而民不從矣喻曉也

故治國在齊其家

通結上文

詩云桃之夭夭其葉蓁蓁之子于歸宜其家人

宜其家人而后可以教國人

詩周南桃夭之篇夭夭少好貌蓁蓁美盛貌
興也之子猶言是子此指女子之嫁者而言
也婦人謂嫁曰歸宜猶善也

詩云宜兄宜弟宜兄宜弟而后可以教國人

詩小雅蓼蕭篇

詩云其儀不忒正是四國其爲父子兄弟足法
而后民法之也

詩曹風鳲鳩篇忒差也

此謂治國在齊其家

此三引詩皆以詠嘆上文之事而又結之如
此其味深長最宜潛玩

右傳之八章釋齊家治國

謹按此章言國之本在家仁於家〔孝弟〕
而推以及民則教化行而國治不仁則
禍亂起而國不可爲矣

所謂平天下在治其國者上老老而民興孝上
長長而民興弟上恤孤而民不倍是以君子有
絜矩之道也

老老所謂老吾老也興謂有所感發而興起

也孤者幼而無父之稱絜度也矩所以爲方
也言此三者上行下效捷於影響所謂家齊
而國治也亦可以見人心之所同而不可使
有一夫之不獲矣是以君子必當因其所同
推以度物使彼我之間各得分願則上下四
方均齊方正而天下平矣

所惡於上毋以使下所惡於下毋以事上所惡
於前毋以先後所惡於後毋以從前所惡於右
毋以交於左所惡於左毋以交於右此之謂絜
矩之道

此覆解上文絜矩二字之義如不欲上之無
禮於我則必以此度下之心而亦不敢以此
無禮使之不欲下之不忠於我則必以此度
上之心而亦不敢以此不忠事之至於前後
左右無不皆然則身之所處上下四旁長短
廣狹彼此如一而無不方矣彼同有是心而
興起焉者又豈有一夫之不獲哉所操者約
而所及者廣此平天下之要道也故章內之
意皆自此而推之

詩云樂只君子民之父母民之所好好之民之

所惡惡之此之謂民之父母
而以民心為己心則是愛民如子而民愛之
如父母矣
詩小雅南山有臺之篇只語助辭言能絜矩
詩云節彼南山維石巖巖赫赫師尹民具爾瞻
有國者不可以不慎辟則為天下僇矣
詩小雅節南山之篇節截然高大貌師尹周
太師尹氏也具俱也辟偏也言在上者人所
瞻仰不可不謹若不能絜矩而好惡徇於一
己之偏則身弒國亡為天下之大戮矣

詩云殷之未喪師克配上帝儀監于殷峻命不
易道得眾則得國失眾則失國
詩文王篇師眾也配對也配上帝言其為天
下君而對子上帝也監視也峻大也不易言
難保也道言也引詩而言此以結上文兩節
之意有天下者能存此心而不失則所以絜
矩而與民同欲者有不能已矣
是故君子先慎乎德有德此有人有人此有土
有土此有財有財此有用
先謹乎德承上文不可不謹而言德即所謂

明德有人謂得眾有土謂得國有國則不患
無財用矣
德者本也財者末也
本上文而言
外本內末爭民施奪
人君以德為外以財為內則是爭鬥其民而
施之以劫奪之教也蓋財者人之所同欲不
能絜矩而欲專之則民亦起而爭奪矣
是故財聚則民散財散則民聚
外本內末故財聚爭民施奪故民散反是則

有德而有人矣
是故言悖而出者亦悖而入貨悖而入者亦悖
而出
悖逆也此以言之出入明貨之出入也自先
謹字德以下至此又因財貨以明能絜矩與
不能者之得失也
康誥曰惟命不于常道善則得之不善則失之
矣
道言也因上文引文王詩之意而申言之其
丁寧反覆之意益深切矣

楚書曰楚國無以為寶惟善以為寶
楚書楚語言不寶金玉而寶善人也
舅犯曰亡人無以為寶仁親以為寶
舅犯晉文公舅狐偃字子犯亡人文公時為
公子出亡在外也仁愛也事見檀弓此兩節
又明不外本而內末之意
秦誓曰若有一介臣斷斷兮無他技其心休休
焉其如有容焉人之有技若已有之人之彥聖
其心好之不啻若自其口出寔能容之以能保
我子孫黎民尚亦有利哉人之有技媢疾以惡

之人之彥聖而違之俾不通寔不能容以不能
保我子孫黎民亦曰殆哉
秦誓周書斷斷誠一之貌彥美士也聖通明
也尚庶幾也媢忌也違拂戾也殆危也
唯仁人放流之迸諸四夷不與同中國此謂唯
仁人為能愛人能惡人
迸猶逐也言有此媢疾之人妨賢而病國則
仁人必深惡而痛絕之以其至公無私故能
得好惡之正如此也
見賢而不能舉舉而不能先命也見不善而不

能退退而不能遠過也
命鄭氏云當作慢程子云當作怠未詳孰是
若此者知所愛惡而未能盡愛惡之道蓋
君子而未仁者也
好人之所惡惡人之所好是謂拂人之性
菑必逮夫身
拂逆也好善而惡惡人之性也至於拂人之
性則不仁之甚者見自秦誓至此又皆以申
言好惡公私之極以明上文所引南山有臺
節南山之意

是故君子有大道必忠信以得之驕泰以失之
君子以位言之道謂居其位而修己治人之
術發己自盡為忠循物無違謂信驕者矜高
泰者侈肆此因上所引文王康誥之意而言
章內三言得失而語益加切蓋至此而天理
存亡之幾決矣
生財有大道生之者眾食之者寡為之者疾用
之者舒則財恒足矣
呂氏曰國無遊民則生者眾矣朝無幸位則
食者寡矣不奪農時則為之者疾矣量入為

則用之舒矣愚按此因有土有財而言以明足國之道在于務本而節用非必外本內末而後財可聚也自此以至終篇皆一意也

仁者以財發身不仁者以身發財

發猶起也仁者散財以得民不仁者亡身以殖貨

未有上好仁而下不好義者也未有好義其事不終者也未有府庫財非其財者也

上好仁以愛其下則下好義以忠其上所以事必有終而府庫之財無待出之患也

〔版心〕大學章句補遺　二十一

孟獻子曰畜馬乘不察於雞豚伐氷之家不畜牛羊百乘之家不畜聚斂之臣與其有聚斂之臣寧有盜臣此謂國不以利為利以義為利也

孟獻子魯之賢大夫仲孫蔑也畜馬乘士初試為大夫者也伐氷之家卿大夫以上喪祭用氷者也百乘之家有采地者也君子寧亡已之財而不忍傷民之力故寧有盜臣而不畜聚斂之臣此謂以下釋獻子之言也

長國家而務財用者必自小人矣彼為善之小人之使為國家菑害並至雖有善者亦無如之

何矣此謂國不以利為利以義為利也

彼為善之〔此句上下疑有闕文誤字〕○自由也言由小人導之也此一節深明以利為利之害而重言以結之其丁寧之意切矣

右傳之九章釋治國平天下

此章之義務在與民同好惡而不專其利皆推廣絜矩之意也能如是則親賢樂利各得其所而天下平矣○謹按此章言為治之道本於仁〔孝弟慈為仁之本〕行仁之本而施之要又在於絜矩盖必公好惡順民

〔版心〕大學章句補遺　二十二

心而無偏私之蔽然後任賢去邪德施斯普而天下平矣

凡傳十章前四章統論綱領旨趣後六章細論條目工夫其第五章乃明善之要第六章乃誠身之本在初學尤為當務之急讀者不可以其近而忽之也〔按朱子以聽訟一節別為一章統論傳十章今當改為九章四章統論當改為三章〕

孔氏遺書莫詳大學亦莫錯大學肇二程子
釐正未盡及朱子則究如也乃董文靖公特
拈知止物有聽訟三節為格致傳如王黃宗
方蔡公諸見皆同惟虛齋以中節居首至吾
先生說與之賭合若符節但斷以其末節上
係經文為結語曰從程子者為獨異試詫補
傳而讀之以表裏精粗釋本末終始全體大用
釋知止能得不見其有不合非邪或疑應得
屬行呼豈有窮理不以思不要得者判而二
之非道也本文釋經采其大略者如此至如
無訟與為本正相合不知朱子何故不作八
條脩身之本以成說約之結乃作兩物拍對
之本以起無倒之釋又不知董肇諸公亦何
以聯於二節之左固皆有意義而莫之曉也
竊念 先生挺生東莞鳳契道妙譙居西樵
尋精玩索藏有餘補不足以全經傳本義據
中庸證虞芮以亢程子定意夫豈苟為而已
若夫以慮為思以至善為中因論治而歸之
仁蓋又前賢所未發者其旨矣乎嗚呼發明
經籍非一家事遷就少差何損於道顧潄信

既久措一得為盡亦只是辟豈公諭武守愼
有受讀書句泉之如神明搦采解綱條外傳
有何義又焉矣措致元傳有不已乃歎曰後
之儒者其無以後生為不幸矣士　先生之
孫浚嘗見燭曰先祖此書不為人知宅痛在
惟先生一言悟天下後進後與其原簿作
辨寧示勉督之爾求且十年矣今復叩廬不
得見滯儒固請曰前事也雖間淳止為之驚
呼且曰歌不敢詎于姑去萬曆甲申二月既
望芝嶺後學盧守愼謹跋

大學章句補遺

於乎大學補遺即瞭齋先生譯畔所著也
先生既發其書乃出始則退陶先生佔畢於
行狀中曰可以見先生之學精詣獨得之
玅蘊藉盧先少亦曰自受讀補遺章句奉之
如神明且翠宗明儒賢之見與先生不謀
同者補訂之至今百有餘年經生學士疇不
欲綵縵而安絿武顧禍心者不能無感於蓋
宗夫子未發之音故或彷徨乎歧路不能趣
于一者有之或薆雜眯眼惝悅玄珠者有之
或全沒見識唱咳為事者有之噫世道忞喪

大學章句補遺跋　二

為士者顏不能慎思明辨如是武善乎方正
學之言曰經傳非一家之書則其說非一人
之所能盡也語雖異於朱子然異於朱子而
不辠乎道固朱子之所取也此大中至公之
論也曾謂以是為遜志興於朱子歟瞭齋
償於遜志歲之相後幾乎半千地之相去
幾乎萬里所見之同若合左契然先生可
謂豪傑之士者非耶吾衆有被殷父師八條
教來歷麗至鮮不無輩出之彬彬而覺書立
言之往睢先生與退陶先生光後之鳴呼

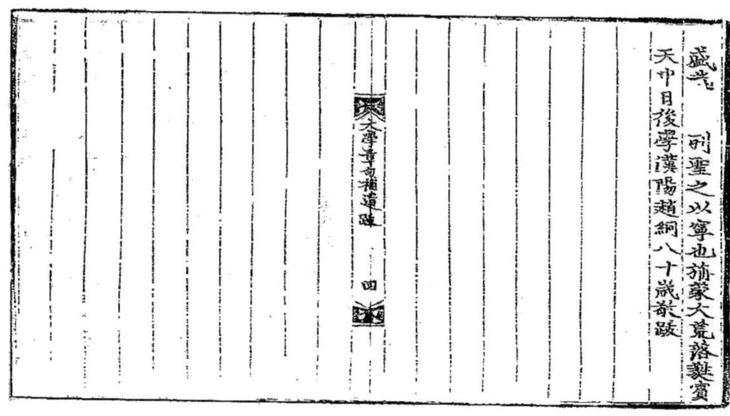

盛光刑聖之以寧也翕篆大荒落襲賓
天中日後學漢陽趙綱八十歲敬跋

大學章句補遺跋　四

續大學或問

續大學或問

或問大學一篇程子始尊信而表章之又為之
次其簡編發其歸趣及朱子著章句雖本程
子之意而至於更定錯簡則有異於程子之
見何也曰天下之理無窮雖聖人有不能盡
者故有前聖之所未發而後聖發之者有前
賢之所未言而後賢言之者程朱之學固無
淺深高下之可言而所見不能無詳略異同
程子於大學表章發揮而有未竟朱子更加
參考而別為序次以盡其義皆所以明道兩

立教也二子之見雖間有不同而不害其為
一揆也
或問聽訟一節鄭本誤在止於信下程子進而
置之經文之下朱子又置之傳三章之後別
為一章以為擇本末之義予乃以朱子之說
為未盡兩欲復程子之舊何也曰古人述作
必取古昔聖賢之言以結之如孔門弟子述
論語二十篇終之以堯舜之言以明聖學之
淵源有自來也子思作中庸或於章首或於
章末多引夫子之言以證之至於卒章又引

詩及夫子之言以終之所以明一篇之旨皆
本於夫子之所傳也孟子七篇之中亦多此
例曾子述大學經文章末引孔子之言以結
之者亦此意也且深味傳文未有文理不屬
而脈絡不貫者獨此一節置於傳三章之後
與上下文義都不相屬又見大學之書首言
明明德新民止至善以為一篇之綱領次言
八條目以明三綱領之義又為傳義以發揮
三綱領八條目之意不應其間別為一章以
釋經文結語本末之義也今依程子所定而

置於經文之下則此一節為一章之結語文
義要協而意味深長所謂使無訟者蓋言治
國平天下之道不在於斷理之明而在於端
本清源而感人心也易曰聖人感人心而天
下和平使無訟者乃所以感人心之效也如
虞芮之君感於文王之德以所爭田為閒田
而退明德新民之效至於此極所謂篤恭而
天下平也中庸言奏假無言時靡有爭故君
子不賞而民勸不怒而民威於鈇鉞又曰予
懷明德不大聲以色子曰聲色之於以化民

則謂之事對言則物是物事是事獨言物則事在其中如君臣父子夫婦昆弟朋友物也君臣之義父子之親夫婦之別昆弟之愛朋友之信物之理而著於事者也五者之理存乎心者本也顯於事者末也交際之有禮孩提而知愛及長而知敬始也各循其則而盡其道至於設身委棄者終也末有不存於心而能善其事者也末有不先其始而能善其終者也然則物有本末事有終始之意而該甚廣朱子獨以明德新民為物之本末知

止能得為事之終始其意偏而不周矣曰格物致知之方程朱之説備矣而未有及於本末終始者今子之論得無有牽於先賢之見而不盡其精微邪曰程子曰物有本末不可分本末為兩段事灑掃應對是其然必有所以然朱子言及身窮理而必究其本末是非之極摯又曰治心修身是本灑掃應對是末皆其然之事至於所以然則理也理無精粗本末皆是一貫又曰精粗本末其分雖殊而理則一學者當循序漸進不可厭末而求本

又曰始終本末一以貫之則惟聖人為然又曰凝者聖學之所以成始而成終周子又言治天下有本身之謂也才必端端本清心而已矣謝氏曰德行本也文藝末也窮其本末知所先後可以入德先儒之論何嘗不及乎此其見於經傳者則禮器曰先王之立禮也有本有文忠信禮之本也義理禮之文也無本不立無文不行有子曰君子務本本立而道生子游言子夏之門人小子當灑掃應對則可矣抑末也本之則無如之何大學曰德

者本也財者末也中庸者天下之大本也和也者天下之達道也孟子曰天下之本在國國之本在家家之本在身孟子曰此之有終始有孔子語曾子以為孝之道亦言初鮮克有終條理者孝之有終始物物之事也子思曰誠者物之終始不誠無物孟子曰智之事也知終終之可與存義也曰知至至之可與幾也知終終之也又曰大明終始六位時成又曰終則有始

續大學或問

能公其心而好惡徇於一己之偏不仁之禍
也三言得失蓋言人心天命之去就決於此
心存亡之幾仁與不仁之驗也孟子曰三代
之得天下也以仁其失天下也以不仁正謂
是也既又丁寧於外本內末之戒懇激於退
邪進賢之意無非以仁與不仁為言蓋仁人
之心愛與公而已惟其愛育民物有同一體
故約己厚施無少私吝而黎庶被其澤惟其
至公無私好惡得其正故進退賢邪夬決無
留而天下服其明不仁者反是繼言民之聚

續大學或問　十三

散貨之出入又言好惡之拂人性菑及其身
其言明白峻厲有可以感動人者皆所以明
仁與不仁之驗也言之至此猶恐人之未達
其言終乃明言仁者以財發身不仁者以身
發財又曰未有上好仁而下不好義者其所
以勸戒之意亦可謂深切著明矣章末申之
以小人好利之害重言以深警之蓋懼人君
之用小人而掊克傷民以害於仁也古之聖
賢為天下後世慮深且遠矣孟子勸梁王行
仁義極言求利之害其疏深得此章之言矣

嗚呼自周以來數千載間有家國天下者蓋
未有不讀此書而鮮有深明此章之本旨者
故其為政也專以發斂刑決為務而志於仁
者寡矣秦晉魏隋之亡南北朝五季之亂皆
由是也漢唐宋亦為享國長久而其祖宗以
仁開基子孫卒以不仁亡滅此萬世之鑑也
誠使讀是書者深明天下國家之理亂興喪
天命人心之去就離合一繫於人君之仁與
不仁惕然警省常存此心而不失則安有禍
敗之至此乎聖經賢傳之中一字之義不明

續大學或問　十四

害流於生民禍及於後世其可忽哉蓋大學
之法在於窮理正心以修其身以及於家國
天下窮理所以求仁也仁人心也心得其正
是乃仁也由身而及於家由家而及於國天
下者豈有他哉亦此心而已矣故朱子曰格
物致知所以求仁也又曰絜矩乃求仁工夫
正要著力又曰有天下者能存此心而不失
則所以絜矩而與民同欲者自不能已所謂
存此心者仁之謂也但以言之未盡之於篇
中仁字之義未有訓釋是書者不知仁為

何物又安知仁為治國平天下之本乎諸儒之說亦未有及此者獨真西山之言曰自非聖人未有不由於此而至於仁者孟子曰強恕而行求仁莫近焉有志於仁者當知窮壤之間與吾並生者莫非同體體同則性同則情同公其心平其施必均齊而無偏喜方正而無頗邪師是以徙將無一物不養者此所謂絜矩之通也又曰求仁當自絜矩始而推其端又自明義利之分始可謂深得聖賢立教之本旨矣同子之論似矣但晦翁以高明

深造之學竭其平生精力於此書探討精微始無餘蘊今予以僑方末學孤陋淺見輕議聖經賢傳之錯誤又有先儒之所未發而言之者得無犯不韙之罪取譏於天下後世乎曰是固然矣斯理也無古今之異無賢愚之間是乃天下之公非有我之得私也理之散在萬物雖愚夫或有與知焉而及其至也雖聖人亦有所不能盡者故聖賢述作為經為傳者必待前後諸儒更相演繹而後其義乃備愚陋淺末固不敢有列於諸賢之間然予

幼受讀是書而竊有疑焉邇來窮寂之中暇心玩素者有所得恨不及程朱之門而質其所疑雖不知所見之合於道與否而愚應得庶或有補於聖門之教之萬一聊錄舊見以竢後之君子云爾

續大學或問終

· 역자 ·

조창열
(趙昌烈)

·약 력·

성신여자대학교 대학원 문학박사
敬華 任龍淳 선생님 사사
오성고등학교 교사, 백석대학교 외래교수
천안향토사연구소 연구위원
천안경전성독회 회장
한국한문고전학회 부회장

·주요논저·

「회재의 〈대학주석〉에 관한 연구」
「려말 주자학의 수용과 전개」
「사계 〈대학〉 주석에 관한 연구」
「회재의 〈중용구경연의〉에 관한 고찰」
「주자·회재의 〈대학〉 주석 비교 연구」
『정법한문』
『한문의 이해』
『천안을 노래한 한시』
『천안의 누정기와 한시』
『회재 이언적의 경학사상』
외 다수

역주 대학장구보유 속대학혹문

· 초판 인쇄	2008년 5월 30일
· 초판 발행	2008년 5월 30일
· 지 은 이	이언적
· 옮 긴 이	조창열
· 펴 낸 이	채종준
· 펴 낸 곳	한국학술정보㈜
	경기도 파주시 교하읍 문발리 513-5
	파주출판문화정보산업단지
	전화 031) 908-3181(대표)·팩스 031) 908-3189
	홈페이지 http://www.kstudy.com
	e-mail(출판사업부) publish@kstudy.com
· 등 록	제일산-115호(2000. 6. 19)
· 가 격	21,000원

ISBN   978-89-534-9205-9 93150 (Paper Book)
         978-89-534-9206-6 98150 (e-Book)